日本史と地理は同時に学べ！

駿台予備校講師 宇野仙

はじめに

「日本史」と「地理」の〝横断〟で学びが10倍楽しくなる!

日本史の「なぜ?」を「地理」の視点で読み解く

「なぜ、ペリーは来航して日本に開国を迫ったのか?」

学生時代、日本史の授業でアメリカの東インド艦隊司令長官のペリーが、1853年に黒船に乗って日本の浦賀に来航したことを習ったと思います。

冒頭の問いに対して、日本史の授業では、「水や食料の補給を行うために、日本の港を利用したかったから」というような趣旨の説明をされることが多いようです。

もちろん、この解釈でも間違いということではまったくありません。

ただ、**地理的な視点で見てみると、このペリー来航の全体像が浮かび上がり、より深く理解できるようになる**のです。

まず、19世紀というのは欧米各国が工業化に成功し、貿易に力を入れ始めた時代でした。

アメリカも、19世紀半ばにサンフランシスコまで領土拡大が行われたことによって、西海岸から東アジアの国々と貿易をすることが可能になっていたのです。

そして、アメリカの最大の狙いは、人口4億人ほどを抱える清朝時代の中国でした。

つまり、アメリカにとって、ユーラシア大陸の玄関口に位置している日本は、地理的に中国との貿易を行うための「中継地」としてとても有用な国だったということなのです。

したがって、冒頭の問いに、地理的な視点を用いてもう一度答えるなら、「中国をはじめとした東アジアの国々との貿易を拡大したいと考えていたアメリカが、ユーラシア大陸の玄関口に位置している日本の港を水や食料の補給を行うための中継地として利用したかったから」ということになります。

このように、**本書では日本史に登場する人物や出来事の「なぜ?」を取り上げ、地理の視点から読み解きます。**

さまざまな角度から眺めることで、学びはより深まる

学校で、日本史と世界史と地理が大きく社会科としてくくられていることからもわかる通り、地理と歴史には密接な関係があります。

そのため、地理と歴史は科目を横断しながら学ぶことによって、相乗効果で同時に理解がより深まる、というのが私の考えです。

しかも、学び自体も10倍楽しくなります。

予備校で行っている私の地理の授業では、よく歴史に絡めた解説をしており、生徒から「地理の勉強がより楽しくなった」という声をたくさんもらっています。

本書では、日本史に登場する人物や出来事の「なぜ?」について、「地形・気候」「貿易・産業」「農業・工業」「人口・まちづくり」「宗教・文化・民族」という5つの地理にもとづくカテゴリーに分けて解説します。

本書が、「日本史と地理について、もっと学んでみよう」と思う人が増えるきっかけとなれば幸いです。

2024年11月

宇野仙

『日本史と地理は同時に学べ!』目次

第1章　「地形・気候」から日本史の「なぜ？」を読み解く

第2章 「貿易・産業」から日本史の「なぜ？」を読み解く

第4章 「人口・まちづくり」から日本史の「なぜ？」を読み解く

第5章 「宗教・文化・民族」から日本史の「なぜ？」を読み解く

第1章

「地形・気候」から日本史の「なぜ？」を読み解く

Number

01

旧石器時代

地形

ナウマンゾウはどうやって朝鮮半島から日本に来たのか？

かつて大陸と日本は陸続きだった

「旧石器時代、日本人はナウマンゾウを狩って、生活していた。その化石は、長野県の野尻湖で出土している」

学生時代、日本史の授業でこのように学んだ人が多いと思います。

しかし、よく考えてみると、これがじつに不思議な話なのです。

現在、野生のゾウがいる場所といえば、インドやネパール、東南アジアなどをイメージする人が多いと思います。

現代に生きる私たちからすると、日本にも野生のゾウがいたというのは、にわかには信じがたい話です。

ところが、当時、本当に日本に野生のゾウがいました。

ナウマンゾウが、朝鮮半島から日本に渡ってきていたのです。

「ナウマンゾウが海を泳いで日本に来たってこと!?」と、驚くかもしれませんが、そうではありません。

当時の日本列島は、大陸と陸続きでした。現在の日本海は、かつて大きな湖だったのです。

そのため、ナウマンゾウが朝鮮半島から日本に渡ってくることができたというわけです。

ちなみに、**打製石器の1つである細石器や細石刃も、現在のロシアと日本が陸続きだった時代に北のシベリアから渡ってきた**といわれています。

細石器や細石刃は、鋭く尖ったカッターナイフのような刃で、ヤリの先に付けて大型の動物を狩るときに使われていたようです。この技術も、シベリアから渡ってきたものでした。

海面が上昇し、日本列島が形成

かつて陸続きだった日本が、どうして「列島」になったのかというと、氷河期が終わった影響だとされています。

約2万年前に、氷河期が終わった影響で氷河が溶けて海面が上昇したことで、現在の日本列島が形成されたといわれています。

この時期を境に、日本は陸続きではなく島国として成立し、外敵から攻め込まれることも少なくなり、独自の文化が築かれるようになります。

そして、ナウマンゾウなどの大型動物たちも、どんどん減っていきました。

理由は、島国になったことでユーラシア大陸から日本に渡ってくることが難しくなったからだと考えられています。

そうすると、ライフスタイルも徐々に「獲物を狩って生活する」形から、「食べられる植物を採集して生活する」形へと変化することになります。

その過程で、細石器のような石器に代わって、石斧のような森林を切り開くための道具がつくられるようになったのです。

Number

02

弥生時代

地形

九州説に畿内説。「邪馬台国」の場所を地理から読み解く

邪馬台国はどこにあったのか？

3世紀頃、卑弥呼がおさめていたとされる国が邪馬台国です。

邪馬台国があった場所について議論が繰り返されているものの、いまだに決着はついていません。

邪馬台国の場所には、おもに2つの説が存在します。

それが、「九州説」と「畿内説」です。

九州説では、邪馬台国が現在の九州地方にあったとされます。『魏志倭人伝』に記載されている「奴国」や「伊都国」などの地名が、実際に九州北部に存在していることから、九州説は根強い支持を受けています。

一方の畿内説では、邪馬台国が現在の奈良県を中心とする畿内地方にあったとされます。古墳時代における政治的中心地は畿内で、奈良の纒向《まきむく》遺跡などが邪馬台国の都の跡だという説です。

もし、邪馬台国の場所が畿内地方だったとすると、後の大和王権と連続した政権だったのではないかとも考えられるわけです。

地理的に考えると、キーになるのは稲作

では、この2つの説を地理の視点で読み解いてみるとどうなるでしょうか。日本列島の北のほうは寒かったはずなので、稲作が可能な南のほうが栄えやすかったと考えられます。

そうすると、日本列島の南部にある九州と畿内は、どちらも邪馬台国の場所として妥当だといえます。

畿内説がやや有利？

ただ、この2つの説を地理の視点で比べてみると、畿内説のほうにやや軍配が上がります。

九州の有利な点は、立地的に畿内よりも中国に近く、水運（舟を使って海や河を渡り、人や物を運ぶこと）を利用できるため、大陸からの情報が得やすいうえに使者も簡単に送れることです。

しかし、**九州では大規模な稲作が難しいという弱点がある**のです。九州北部は土地が狭いうえに、あまり肥沃ではない場所が多いからです。

それに対して、**畿内では、土木技術が乏しかった当時でも、奈良盆地の肥沃な土壌と水稲に好適な低湿地が存在していたので、容易に稲作を営むことがで**

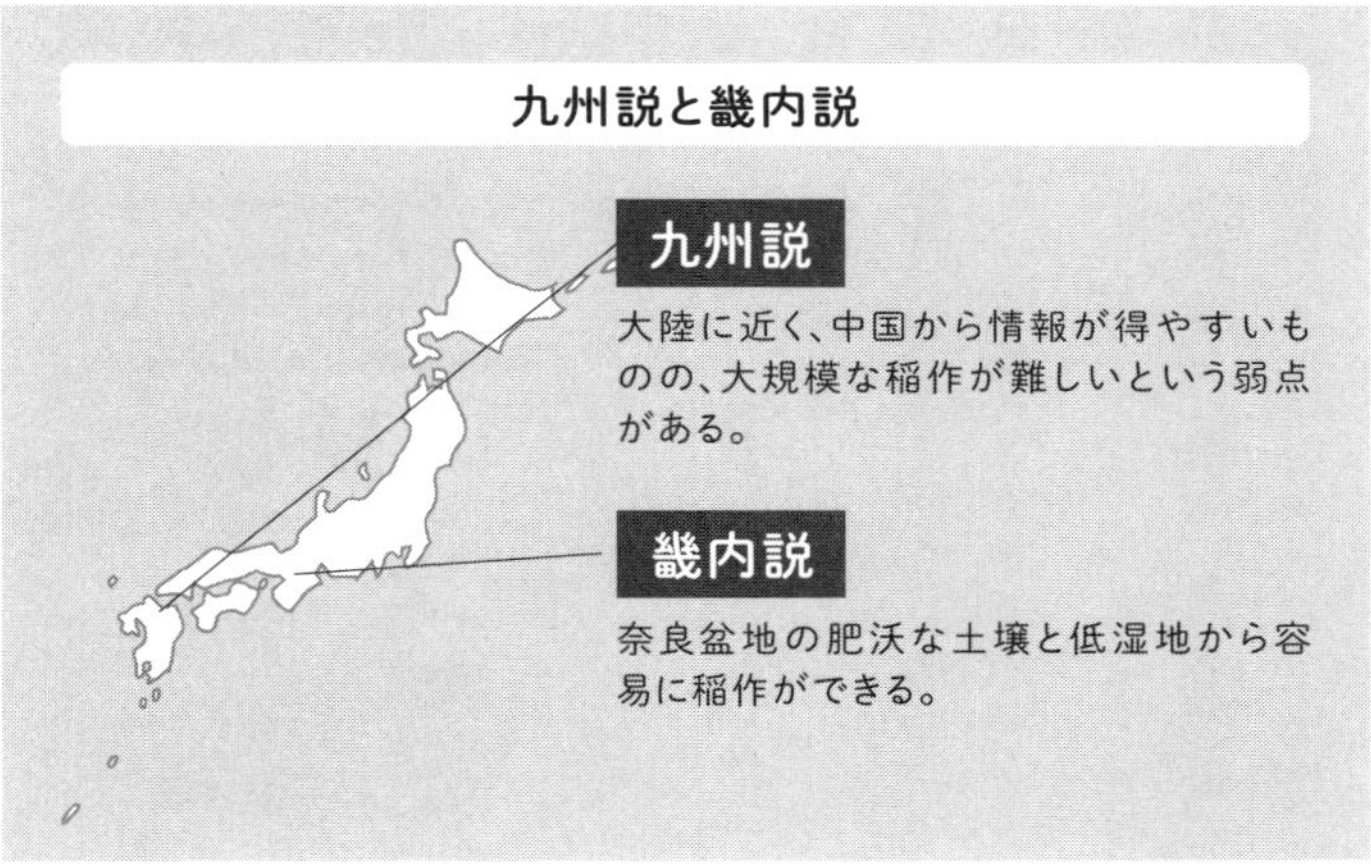
九州説と畿内説
九州説
大陸に近く、中国から情報が得やすいものの、大規模な稲作が難しいという弱点がある。
畿内説
奈良盆地の肥沃な土壌と低湿地から容易に稲作ができる。

きます。

邪馬台国の後の時代に奈良と京都が栄えたことからわかる通り、畿内は多くの人口を支えられるキャパシティがあるのです。

その点を踏まえると、畿内説が有力ではないかといえるでしょう。

とはいえ、前述の通り、邪馬台国の所在地論争はいまだ決着がついていません。ここまでの話も、筆者の1つの推論ということを前提に受け取ってもらえればと思います。

Number

03

平安時代

気候

平安文学の代表作『枕草子』と日本特有の「気候」の関係

『枕草子』と日本の四季

学生時代に日本史や古文の授業で、清少納言が書いた、平安文学の代表的作品である『枕草子』を習った人は多いと思います。

「春はあけぼの」「夏は夜」「秋は夕暮れ」「冬はつとめて」など、春夏秋冬それぞれの季節の素晴らしい時間帯について語る『枕草子』の冒頭は、あまりにも有名です。

世界を見渡しても、日本ほど四季折々の変化がはっきりしている国はなかなかありません。

なぜなら、**日本以外の国や地域の多くでは、夏と冬で平均降水量や平均気温にそこまで差がない**からです。

世界的に珍しい日本の気候

なぜ、日本はこんなに四季の変化がはっきりしているのでしょうか？

1つの理由として、**日本がユーラシア大陸の「東側」にある**ことが挙げられます。

じつは、**ユーラシア大陸の西側と東側では、気候に大きな違いがある**のです。

日本の緯度は、北緯20～45度あたりです。

日本の緯度である北緯20～45度あたりでは「偏西風」という風が吹いています。

偏西風とは、西から東に吹く風のことです。

ヨーロッパは、ユーラシア大陸の西側にあります。そのヨーロッパの西側には海があり、北大西洋海流という暖流が流れています。

そのため、偏西風の影響で、西にある海から暖かい海風が吹くようになります。そうすると、冬も温暖なのです。だからヨーロッパではあまり雪が降りません。

逆に、日本はユーラシア大陸の東側にあります。日本の西側にあるのは大陸です。ということは、大陸から風が吹いてくることになるわけです。

大陸は、海洋に比べて、「夏は暑くて冬は寒い」という特徴を持っています。海に囲まれている日本ではありますが、気候は大陸の影響を大きく受けているのです。

『枕草子』の冬のパートで「冬はつとめて　雪の降りたるは　言ふべきにもあらず」と書かれています。

日本で雪が降るのは、大陸の東側にあるからです。

もし、日本が大陸の西側にあったとしたら、『枕草子』は、生まれていなかったかもしれないのです。

「冬に葉が落ちる」とは

もう1つ、日本の四季がはっきりしている理由があります。

それは、**「落葉樹が多い」**からです。

ロシアやカナダでは、夏と冬に緑が生い茂る常緑の針葉樹林が広く分布しています。

それに対して、**日本の天然林の大半は落葉広葉樹**で、国土のおよそ3分の1の面積を占めています。

「落葉樹」とは、文字通り、毎年、冬になると「葉」っぱが「落」ちる「樹」のことです。

夏に青々とした葉が生い茂り、秋に葉が色づいて、冬になると葉が落ちます。

だからこそ、春夏秋冬で景色が一変するわけです。

冬の落葉が日本人の価値観に影響を与えている？

さらに、冬の落葉は日本人の価値観に大きな影響を与えているといわれています。

「すべてのものには終わりがある」という「無常」と呼ばれる考え方が生まれたのも、四季が影響しているともいわれます。

しかも、厳しい寒さの冬にまで価値を見出しているのが日本という国です。

ロシアやカナダでは、冬の時期に氷点下になる日が多く、マイナス20度や30度にまで気温が下がることもあります。

ロシアやカナダに比べれば、日本の冬は少し暖かいので、冬にも良さを見出す余裕があるのかもしれません。

『枕草子』の中でも、「冬は朝早い時間が良い」と、語られています。

冬を「寒くて嫌になる季節」として一蹴するのではなく、「冬には冬の良さがある」という価値観があるわけです。

「無常」という価値観と同様、日本には「わびさび」と呼ばれる「つつましく、質素なものにこそ趣がある」という価値観があります。これも、日本の冬が影響を与えているのかもしれません。

Number

04

平安時代

地形

地形をフル活用して源平合戦で活躍した源義経

源平合戦の始まり

「平家にあらずんば人にあらず」

このように『平家物語』の中でいわれるほど、平安時代末期、平氏は天皇や貴族の中で勢力を伸ばし、政治の実権を掌握していました。

平氏に対して、源氏をはじめとする他の武士勢力や貴族たちは、大きな不満を抱えていました。

源頼朝は、父である源義朝が１１５９年の平治の乱において平清盛に敗北したため伊豆に島流しになり、20年にわたり流人としての暮らしを余儀なくされました。

そして１１８０年、後白河法皇の息子である以仁王が平氏打倒を呼びかけ、源頼朝が挙兵します。

これが、源平合戦の始まりです。

源平合戦で大活躍した源義経の3つの戦い

源平合戦で活躍したのが、かの有名な源義経です。

源頼朝の弟である義経は、数で言えば圧倒的に少ないにもかかわらず、源平合戦で平氏を追い詰め、「義経なくして平家追討は成し得なかった」といわれるほどの名将です。

なぜ、源義経は源平合戦で兵力が相手よりも劣っていたにもかかわらず、勝利をおさめることができたのか？

その秘密は、じつは「地形を活かした戦い方」にあります。

ここでは、義経が源平合戦において大活躍した３つの戦いについて、地理的な視点で見てみましょう。

急な崖を駆け下りて、敵の背後を襲った「一ノ谷の戦い」

最初に行われたのが、１１８４年の「一ノ谷の戦い」です。

この戦いにおいて、源義経は、平氏が防衛していた一ノ谷を攻め落としました。

一ノ谷は、現在の兵庫県神戸市須磨区に位置しており、標高約２４０メートル、平均斜度は約22度です。片側は崖、もう片側は瀬戸内海という自然の要害でした。

「さすがに崖側から攻めてくることは難しいだろう」と予想していた平氏軍

は、海側を防衛していました。

ところが、**その予想を裏切って義経は平氏が防備していなかった急な崖から少数の騎馬兵で下り、敵の背後を突くという奇抜な戦略で攻め込んだ**のです。

想定外の崖側から義経軍に攻め込まれた平氏軍はたちまち混乱し、撤退を余儀なくされました。

敵の裏をかき、陸から奇襲をしかけた「屋島の戦い」

続いては、１１８５年の「屋島の戦い」です。

この戦いで、義経は奇襲で平氏軍を追い込むことになります。

屋島は、香川県高松市の北東部に位置し、瀬戸内海に突き出た半島のような形をしています。

「島」といいつつ、干潮の時間には陸続きになる場所でした。

屋島の台地は火山の噴火によって流出した溶岩が冷え固まって形成された溶

岩台地であるといわれています。平氏軍は、ここであれば得意な海上戦で戦うことができると考え、水軍を配置しました。

屋島対岸の庵治《あじ》半島は船を隠す恰好の入り江であり、たくさんの水軍を隠して配置していたわけです。

そこで義経は、この地形的な防御を突破するため、再び奇襲を仕掛けます。嵐の中をあえて少数の兵で海を渡り、平氏軍の陣の近くまで移動します。そこから陸を移動し、驚異的なスピードで屋島の近くまで行きます。そして干潮で屋島に移動できるタイミングで、一気に屋島に攻め込んだのです。潮が引いた時間は朝8時頃で、浅瀬で馬の腹の部分まで水に浸かりながらの移動だったといわれます。

さすがに陸からの奇襲を想定していなかった平氏軍は、たちまち大混乱に陥り、海上に逃亡することを余儀なくされました。

『平家物語』などに伝わる、那須与一が相手の船で掲げられた扇に矢を見中させたという逸話も、屋島の戦いにおけるエピソードです。

潮の流れを読んで勝利した「壇ノ浦の戦い」

最後が、「壇ノ浦の戦い」です。

この戦いで平氏は滅亡するわけですが、ここでも義経は地形をうまく活用して勝利しています。

壇ノ浦は、現在の山口県下関市にあり、ちょうど九州と本州の間にあります。日本海と瀬戸内海の結節点にあるため、潮の流れが激しく、戦況に大きな影響を与える場所でした。

壇ノ浦のある関門海峡の流速は、鳴門《なると》海峡、来島《くるしま》海峡についで国内第３位です。

関門海峡の最大流速は、最もせまい早鞆瀬戸《はやとものせと》において約９・４ノットとされます（１ノットは時速１・８５２キロメートル）。

義経は、この潮の変化をよく理解しており、平氏が有利な潮流のタイミングでは防戦に回り、潮の流れが変わるタイミングを待ちました。

壇ノ浦の戦い

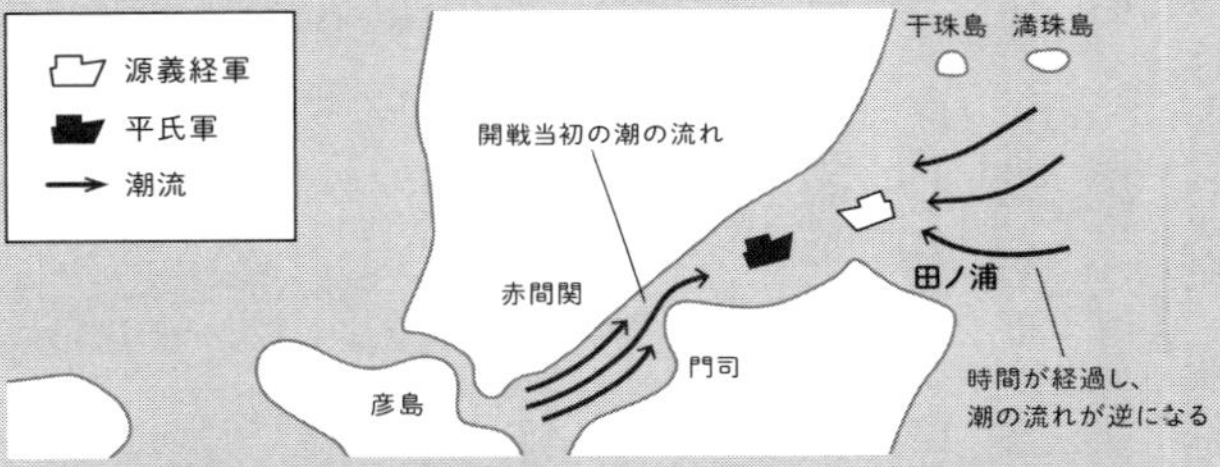

開戦当初、潮の流れに乗った平氏軍は、一時、義経軍を干珠島あたりまで追い込む。ところが、時間が経過して潮の流れが逆に変わると、それまでじっと耐えていた義経軍が一気に平氏軍に攻め込み、勝利をおさめた。

そして、潮が逆流した瞬間、平氏の船が動きにくくなることを見越し、反撃を開始します。

これで、平氏は一気に追い詰められてしまったのです。

このように、源平合戦の義経の圧倒的な強さの裏には、「地形をうまく活用した戦い方」があったのです。

Number

05

鎌倉時代

地形

なぜ、源頼朝は京都を離れてわざわざ鎌倉で幕府を開いたのか？

天皇中心から武士が中心の政治体制へ

前項でお話しした通り、１１８５年、現在の山口県下関市の関門海峡にある壇ノ浦で、源氏と平氏の間で戦いが行われました。この戦いによって、平氏は源氏に滅ぼされてしまいます。

その後、源頼朝が鎌倉幕府を開き、それまで天皇中心だった政治体制から、武士が中心となる政治体制へ変革します。

ただ、ここで1つの疑問が浮かびます。

それは、**「なぜ、源頼朝は鎌倉で幕府を開いたのか？」**ということです。

それまで、国の中心は京都・奈良にありました。それが、急に関東地方の鎌倉に中心が移ったのです。

これには、地理的な理由と政治的な理由の2つが考えられます。

まず、政治的な理由から見てみましょう。

源頼朝は、それまでの国の中心だった京都から離れ、誰にも邪魔をされずに自由な政治がしたかったのではないかということです。

要は、武士が中心となる新しい世界をつくりたかった源頼朝は、京都にいた天皇とできるだけ距離をとって、鎌倉で出発を図ったのではないかということです。

ただ、「京都から離れた場所」は鎌倉以外にもたくさんあります。そのため、わざわざ鎌倉を選んだ理由がわかりません。

鎌倉の地理的な優位性

続いて、地理的な理由を見てみましょう。

源頼朝が鎌倉を選んだのは、地理的なメリットがあったからだという説があります。

まず、1つ目の地理的なメリットとしては、**軍事的な優位性**です。

鎌倉の地形は、東・西・北の三方が山で囲まれており、かつ南は海に面しています。

そのため、**敵は山から攻めにくいうえに、海からも船を使わないと攻めることができません。**

もし、海側から攻め込まれた場合は、陸から海上の敵を攻撃すればいいだけです。要は、**鎌倉は「天然の要塞」ともいえる土地**なのです。

ちなみに、鎌倉という名前の由来にも面白い説があります。

それは、鎌という言葉が「かまど」を表していて、「かまどのような形をしているうえに、倉のように一方しか開いているところがない」という意味から「鎌倉」という地名が生まれたという説です。

このように、地名で称されるほど鎌倉は敵に攻められにくく、守りやすい場所だったということなのかもしれません。

鎌倉の2つ目の地理的なメリットとしては、水運が発達しやすかったことです。

鎌倉は海に面しているため、海運を使った交易を行うことができました。要は、経済的に発達しやすい場所であったということです。

「海に面しているかどうか」という点は、それ以降の時代の時の権力者たちにもとても重要視されるポイントになります。

Number
06
鎌倉時代
地形

日本が外敵から攻め込まれなかったのは島国という理由だけではなかった!?

日本はなぜ、あまり外国から攻め込まれないのか？

日本の歴史を古代からひもといてみると、外国から攻め込まれることが少ないといえます。

千年間で、日本はたった2回程度しか攻め込まれていないのです。

これは世界的に見ると非常に稀です。

陸続きで他国と国境を接している国では、隣国から攻め込まれることが頻発するからです。

また、イギリスは日本と同じ島国ですが、ローマ帝国のブリテン島侵攻や、アングロサクソン人の侵攻、ヴァイキングの襲撃、ノルマン・コンクエストなど、約千年の間にたくさんの外国勢力から攻め込まれています。

しかも、かなり長期的に襲撃を受けており、ヴァイキングの襲撃については8世紀後半から11世紀にかけて行われ、いくつかの侵攻によって外部勢力からの支配まで受けています。

一方、日本は1019年に女真（中国北東部の民族）の海賊が壱岐・対馬を襲い九州に侵攻した「刀伊《とい》の入寇《にゅうこう》」と呼ばれる侵攻と、かの有名な蒙古襲来・元寇以外に侵攻らしい侵攻を受けていないうえに、どれも撃退に成功しています。

なぜ、日本は同じ島国であるイギリスと比べても、侵攻を受ける回数が少なかったのでしょうか？

大陸との距離

この疑問についても、地理的な視点で見ると、1つの答えを導き出すことができます。それは、**大陸との距離**です。

日本とイギリスでは、大陸との距離がかなり違うのです。

日本は日本海を挟んでユーラシア大陸と距離があります。

一方、**イギリスは南部がヨーロッパと近接しており、イギリス海峡の最狭部（ドーバー海峡）は約34キロメートルしかありません**。「海峡」という名前がついていることからも、その近さがわかると思います。ちなみに、日本の九州本土と朝鮮半島との距離は約２００キロメートルです。

また、日本とイギリスでは陸にも違いがあります。

イギリス南部は低地が多く、海から内陸部に攻め込まれやすかったのに対して、日本は沿岸部から急峻な山脈が多く、上陸しても攻め込まれにくかったのです。

そのため、日本はイギリスと比べてあまり攻め込まれず、長い間独自の文化を発展させることができたのではないかと考えられます。

元寇のときに、前例がなかった？

日本は他国から攻め込まれる経験が少なかったため、対処法のノウハウの蓄積も少なかったといわれています。

例えば、元寇を退けた後、鎌倉幕府は戦後の対応に大変苦慮しています。

通常、戦って勝ち取った土地は、戦果として御家人たちに分け与えます。

ところが、防衛戦だった元寇では、頑張って元の軍と戦ってくれた御家人たちに分け与えるものが何もありませんでした。

そこで、鎌倉幕府は、苦肉の策として御家人の借金をゼロにする「徳政令」を出しますが、これが幕府の寿命を縮めた原因になったともいわれています。

外から攻め込まれる経験が少なかったからこそ、戦中も戦後も手探りで対応せざるを得なかったのです。

Number

07

南北朝時代

地形

三重県の「複雑な地形」が生み出した伊賀忍者

伊賀と甲賀に共通する地理的要因

映画や漫画などを通して、忍者を知っている人は多いと思います。

忍者とは、南北朝時代から江戸時代にいたとされる、忍術と呼ばれる独自の戦闘手段を持った人たちのことを指します。傭兵として活動したり、情報収集や敵国への侵入をしたりしていたと言われています。

中でも有名なのが、伊賀・甲賀地方を拠点とした忍者集団である「伊賀忍者」

と「甲賀忍者」です。

伊賀地方は、現在の三重県伊賀市です。ここには「伊賀流忍者博物館」があります。

それに対して甲賀地方は現在の滋賀県甲賀市で、ここにも「甲賀流忍術屋敷」などの観光地があります。

なぜ、これらの地域が忍者の拠点になったのか？

じつは、忍者の誕生にはさまざまな地理的要因が絡んでいるのです。

まず、どちらの地域も山に囲まれ、かつ複雑な谷地形を形成しています。

伊賀や甲賀の複雑な地形は、約４００万年前～約43万年前の間につくられた古琵琶湖層によるものとされています。

そして、森林や河川なども多かったため、潜伏したり奇襲したりすることが容易だったとされています。

忍者には、木の陰から敵を隠密に倒すイメージがあると思いますが、まさにそういった忍術の鍛錬に適した土地というわけです。

さらに、主要な交通路の交差点に位置していたことにも注目です。伊賀地方も甲賀地方も、京都と尾張、三河を結ぶルート上にあり、さまざまな情報が入りやすかったというわけです。

Number

08

安土桃山時代

地形

関ヶ原の戦いの勝敗を分けたのは「小早川秀秋の裏切り」だけではない！

じつは不利だった東軍

1600年9月15日、徳川家康率いる東軍と石田三成率いる西軍の間で関ヶ原の戦いが行われました。関ヶ原は、現在の岐阜県関ケ原町にあります。関ヶ原の戦いは、日本の歴史において「天下分け目の戦い」と評されるほど重大な一戦となりました。

徳川家康率いる東軍の総数は約7万4千人、対する石田三成率いる西軍の総数は約8万2千人だったといわれています。

西軍の総数のほうが多かったため、両者の勢力だけを見れば西軍が勝ってもおかしくない戦いでした。

しかし、戦いの結果は徳川家康率いる東軍の勝利に終わります。

なぜ、戦力で不利だった東軍が勝つことができたのでしょうか？

地理的な視点から、関ヶ原の戦いを読み解いてみると、意外な事実が浮かび上がります。

なぜ、関ヶ原の戦いに東軍は勝てたのか？

まず、関ヶ原の戦いの戦場は、四方が山地に囲まれた広い平地です。

徳川家康は、この平地の東側に自軍を配置しました。

そして、その西側に石田三成らの西軍が布陣します。

一見すると、笹尾山に本陣を構えた石田三成と、松尾山に陣を構えた小早川

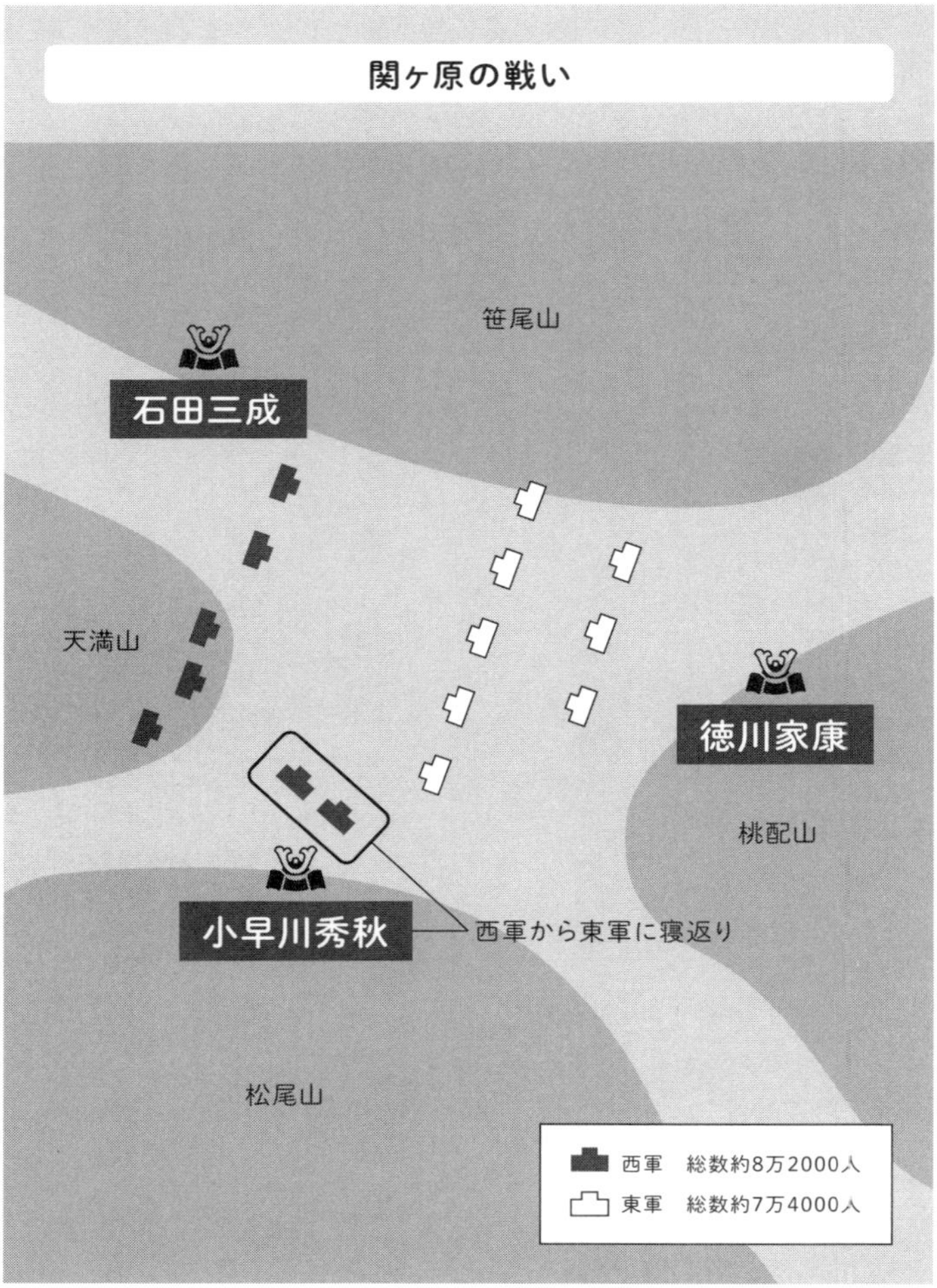
関ヶ原の戦い
笹尾山
石田三成
天満山
徳川家康
桃配山
小早川秀秋
西軍から東軍に寝返り
松尾山
西軍　総数約8万2000人
東軍　総数約7万4000人

秀秋が、東軍を挟み撃ちにできるような状態にあるため、西軍が有利なようにも思えます。

山から戦場を見下ろすことができる位置に指揮官である石田三成がいることも、西軍の有利に働くように考えられます。

地形的にも、西軍が勝ってもおかしくなさそうな状態です。

「霧」と「裏切り」を利用した東軍

しかし、実際はそうなりませんでした。

笹尾山は見晴らしが良いものの、急な斜面と限られたスペースのため、大規模な兵力を展開するのに適していなかったのです。

また、当日は深い霧が出ていました。

山に囲まれていたため、冷たい空気が山から降りて溜まりやすく、また比較的湿度が高いこの地域は、霧が発生しやすい場所でした。もしかしたら、徳川家康はそういった天候も見越していたのかもしれません。

こうした不確定要素の大きい戦場では、戦争経験の差がものをいいます。徳川家康は、約40年間戦争をしている超一級の軍略家です。この「霧」は、東軍の勝利に大きく貢献しました。

また、**小早川秀秋の軍勢が、南西の松尾山に配置されていたことも、西軍にとってマイナスに働いてしまいます**。

さきほどもお話しした通り、ここは東軍の側面を脅かす絶好の場所であり、当初は西軍に有利な地形でした。

しかし、家康が小早川に圧力をかけた結果、小早川は東軍側に寝返ってしまいます。

そうなると、逆に東軍が西軍を包囲する形となってしまったのです。

後世でも、「関ヶ原の戦いで西軍が敗北したのは、小早川の裏切りが大きな要因だった」とされていますが、それは小早川の任されていた位置がとても重要な位置だったからなのです。

Number

09

安土桃山時代

気候

朝鮮出兵が失敗に終わった本当の理由は「気候」だった？

なぜ、朝鮮出兵は失敗に終わったのか？

戦国時代を終わらせ、天下人となった豊臣秀吉は、中国の明を征服する野望を持っていました。

中国征服の足がかりとして、豊臣秀吉は朝鮮に服従を迫ったものの、拒否されたため、1592年に朝鮮に攻め込みました。これを文禄の役と呼びます。

豊臣軍は朝鮮軍と明の援軍に苦戦を強いられつつも一定の成果を得たので一

度撤退し、明と講和を結ぼうとしました。

しかし、話がまとまらなかったため、1597年に再び出兵します。これを慶長の役と呼びます。

結局、2回目の出兵も朝鮮軍と明の援軍の激しい抵抗にあってうまくいかず、大名や民衆の負担は膨れ上がってしまいます。朝鮮出兵は、豊臣秀吉亡き後の豊臣政権没落の1つの原因になってしまいました。

なぜ、豊臣秀吉の朝鮮出兵はうまくいかなかったのか？

じつは、地理の視点で見てみると、朝鮮半島はかなり攻め込みにくい地形なのです。

朝鮮は攻めにくい！

朝鮮半島は、半島の約7割が山地と丘陵で、山地の多くが日本列島側の半島東部にあります。

さらに、大きな河川も多く、渡る際に架け橋をつくる必要がありました。

また、日本から朝鮮半島に行くには海を渡る必要があります。**日本に比べて朝鮮半島の南側の海岸線は複雑（リアス海岸）で、入り江や島が多い**という特徴があります。このような限られた地域に多くの島が点在する海を多島海と呼びます。日本では、宮城県の松島湾や瀬戸内海、長崎県の九十九島《つくもじま》地域が多島海として有名です。

朝鮮半島の海岸線が複雑であること、多島海であることから、船を着けるのがなかなか難しかったのでしょう。

そんな中で、朝鮮水軍を率いた李舜臣（イ・スンシン）は、日本軍の補給路を断つために積極的に海上で戦闘を行いました。

李舜臣の指揮する亀甲船などの艦隊は、海上輸送を攻撃し、日本軍の補給路を妨害したため、日本軍は前線への物資供給が途絶し、戦闘継続が難しくなってしまったとされます。

戦争が長期化すればするほど、豊臣軍は不利な状況に追い込まれることになってしまったのです。

日本よりも寒い？　朝鮮の気候

もう1つ、地理的な要因として気候が挙げられます。

朝鮮半島と日本は緯度がほとんど同じなため、気候は変わらないように思う人が多いと思います。

たしかに夏の気温はそれほど変わらないのですが、**冬の気温は日本よりも朝鮮半島のほうが寒くなります**。

例えば、ソウルの1月の平均気温はマイナス2度～マイナス3度あたりで、氷点下になります。

ソウルとほぼ同じ緯度の福島市は氷点下にならないので、日本よりも朝鮮半島の冬の寒さのほうが厳しいことがわかると思います。

ほぼ同じ緯度にもかかわらず、なぜ、気温に違いがあるのか？

日本と朝鮮半島の気候の違い

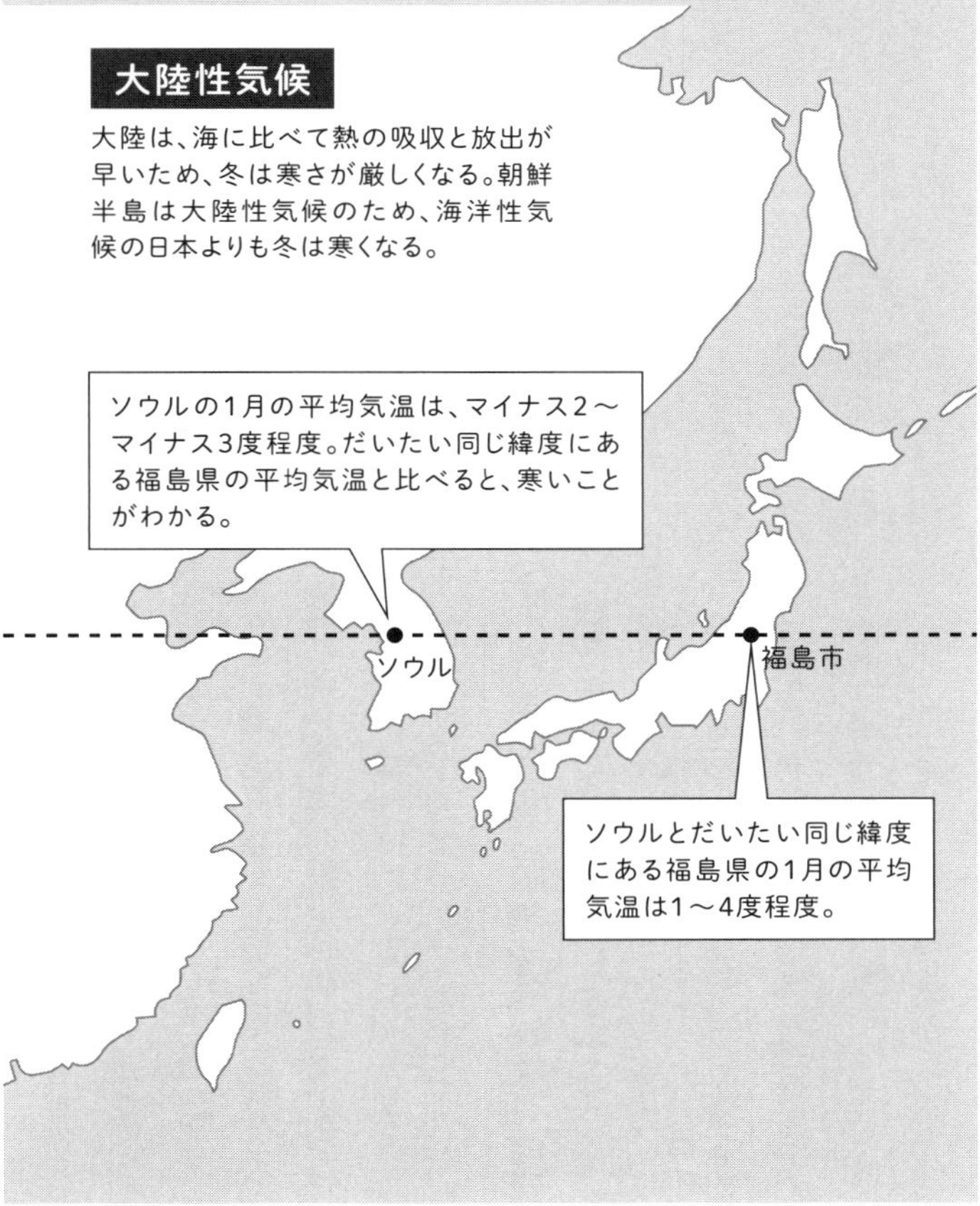

それは、**大陸性気候と海洋性気候の違い**によるものです。

朝鮮半島は大陸の一部であり、ユーラシア大陸に位置しています。

大陸は海に比べて熱の吸収と放出が早く、冬は急速に冷え込みます。また、冬場の寒気団の発生源であるシベリアに近いこともあります。

そのため、**朝鮮半島の冬の気温は非常に低くなりやすい**のです。

それに対して日本は海洋性気候です。海は大陸に比べてゆっくりと冷えるため、冬でも海水は比較的温かさを保ち、周囲の大気を温める役割を果たします。

特に、日本海側の日本付近では、暖流である対馬海流の影響で冬の気温が緩和されやすいといわれています。だから、朝鮮半島のほうが寒いわけです。

朝鮮出兵の際、日本軍は冬の寒さに悩まされたとされます。

十分な補給も届かない中で、厳しい気候に悩まされ、士気もどんどん落ち込んで、うまくいかなかったのではないかと考えられます。

Number

10

幕末

地形

明治維新の中心が薩摩藩と長州藩だった地理的な理由

「薩長」が中心となった明治維新

学生時代に、明治維新で登場する人物たちについて学んだときに、みなさんは、1つ疑問に思ったことはないでしょうか？

それは、「薩長同盟」から始まり、「大政奉還」を成し得た人物たちの多くが、薩摩藩や長州藩の人物であることです。

明治維新以降の政治の流れを追っても、薩摩藩出身の西郷隆盛や大久保利通、長州藩出身の木戸孝允・伊藤博文など、薩摩藩や長州藩の人物が中心です。

当時の藩の規模を比べてみると、薩摩藩や長州藩が特別大きかったわけでもありません。

藩の規模に関しては幕府に届け出られていた値（石高）と実際の規模が乖離しているという説も強く、詳しいことははっきりしませんが、薩摩が約73万石、長州が約37万石だといわれています。

現在の石川県・富山県に位置する加賀藩が「加賀百万石」と呼ばれ日本最大の藩だったことを鑑みると、薩摩藩と長州藩の規模が当時最大だったとはとても考えられません。

それにもかかわらず、なぜ、討幕の中心は薩摩藩と長州藩だったのでしょうか？

地理的な視点で見ると、薩摩藩と長州藩という2つの藩が幕末から明治にかけて存在感が大きかった理由が浮かび上がります。

海外とのつながりと、幕府との「遠さ」

薩摩藩は、現在の鹿児島県・宮崎県の位置にあり、日本の南端に位置していました。

そして、**薩摩藩は現在の沖縄県である琉球王国を実質的な支配下に置いていました。**

琉球王国の貿易の利益は莫大だったといわれており、薩摩藩は経済的に大きなアドバンテージを持っていたと考えられます。

そのうえ、ほとんどの藩が外国とのつながりがあまりなかった当時、薩摩藩は外部の情報や影響を受けやすい地域でもあったといえます。

この薩摩藩の状況と同じことが、長州藩にもいえます。

長州藩は現在の山口県に位置しています。

山口県は本州の最西端です。

九州と本州の境目にあり、瀬戸内海や日本海にも面しているため、長州藩も海を通じて朝鮮や中国など外部からの影響を受けやすい土地だったのです。

これらの環境から、長州藩では他国や他藩との貿易や情報交換が活発に行われ、知識人の交流も促進されたといわれています。

このように、**薩摩藩と長州藩は、共に「情報が集まりやすかった土地」**というわけです。

そのうえ、薩摩藩と長州藩は「江戸から遠い位置」にあります。物理的に遠いため、討幕の機運も起こりやすかったのではないかと考えられます。

薩摩藩と長州藩は、関ヶ原の戦いのときに徳川家康に与しなかった外様の藩であり、幕府に対して完全に肯定的な立場ではなかったので、明治維新を起こす土壌があったと考えることができるでしょう。

吉田松陰の存在

明治維新で活躍した人の多くは、幕末期に吉田松陰が短い期間指導したことで知られる松下村塾の塾生です。

この松下村塾も、長州藩で誕生しています。

この事実も、地理的な視点で考えると、偶然ではなく必然だったのではないかと思えます。

吉田松陰の考え方の根本にあるのは、陽明学だといわれています。

陽明学は、中国の思想の1つであり、当時江戸幕府が推奨していた朱子学とはまた別のものでした。

陽明学を簡単に説明すると、朱子学では知識を得ることを優先するのに対して、「知行合一《ちこうごういつ》」、知識と行動が一致するべきだという考え方をしています。

陽明学では、知識や理論を学ぶことだけでなく、それを実践することこそが重要である、とされるのです。

つまり、「行動することが大事！」という考え方だったわけです。

陽明学の影響もあって、吉田松陰は「外国の圧力に対抗するためには、内面的な道徳心の強化とともに、行動で示すことが重要だ！」と考え、尊王攘夷を掲げたといわれています。

そして、吉田松陰の影響を受けた門下生たちが、明治維新を実現することになったのです。

なぜ、吉田松陰が中国の思想である陽明学を学んだのかといえば、やはり長州藩が地理的に中国と近く、歴史的に交流もあったため、学問にもその影響があったからではないかと考えることができるでしょう。

Number
11
明治時代
地形

日露戦争における「日本軍奇跡の勝利」を地理から読み解く

小国がなぜ、大国を倒せたのか？

１９０４年２月、日本とロシアの間で日露戦争が勃発しました。

当時、日露戦争について世界では「大国ロシアが小国日本に短期間で圧勝するだろう」という見方が強かったそうです。

ところが、ふたを開けてみれば、日本優勢で戦況が進み、１９０５年９月に講和条約であるポーツマス条約を結ぶことになりました。

なぜ、「小国」の日本がロシア相手に善戦できたのでしょうか？

日露戦争といえば、日本軍が当時最強といわれたロシアのバルチック艦隊を倒したことで有名です。

この勝利が、日本優勢な形での講和条約を結ぶきっかけの1つになったわけですが、そもそも、なぜ、日本は最強・バルチック艦隊を倒せたのか？

この世界を驚かせた奇跡の勝利について、地理的な視点で見ると、意外な事実が浮かび上がります。

ロシアがほしがった「不凍港」

ロシアは、広大な領土を持っている国です。

現在も、ロシアは世界で一番大きな面積を持ちます。

しかし、ロシアの国土は高緯度帯に位置しています。そのため、国土の多くが、冬に厳しい寒さにさらされます。その寒さは、海が凍ってしまうほどです。

日露戦争は、ロシアが南部の土地をほしがったために、中国清朝の領土を狙ったことに端を発します。

そして、日本と小競り合いを繰り返す中で、日露戦争に発展したのです。

なぜ、ロシアは南部の土地がほしかったのかというと、冬の間に凍らない「不凍港」を手に入れたかったからだといわれています。当時のロシアは、使える不凍港をほとんど持っていなかったのです。

インド洋を回ってやってきたバルチック艦隊

「日本とロシアが海上で戦った」というと、「オホーツク海で戦った」と考える人が多いと思いますが、冬の時期のオホーツク海で戦うことはできません。

バルチック艦隊は、日本と戦うにあたって、ヨーロッパからインド洋をグルッと回って太平洋にやってきていたのです。

大西洋→インド洋→太平洋への移動は、世界を半周するほどの大移動です。

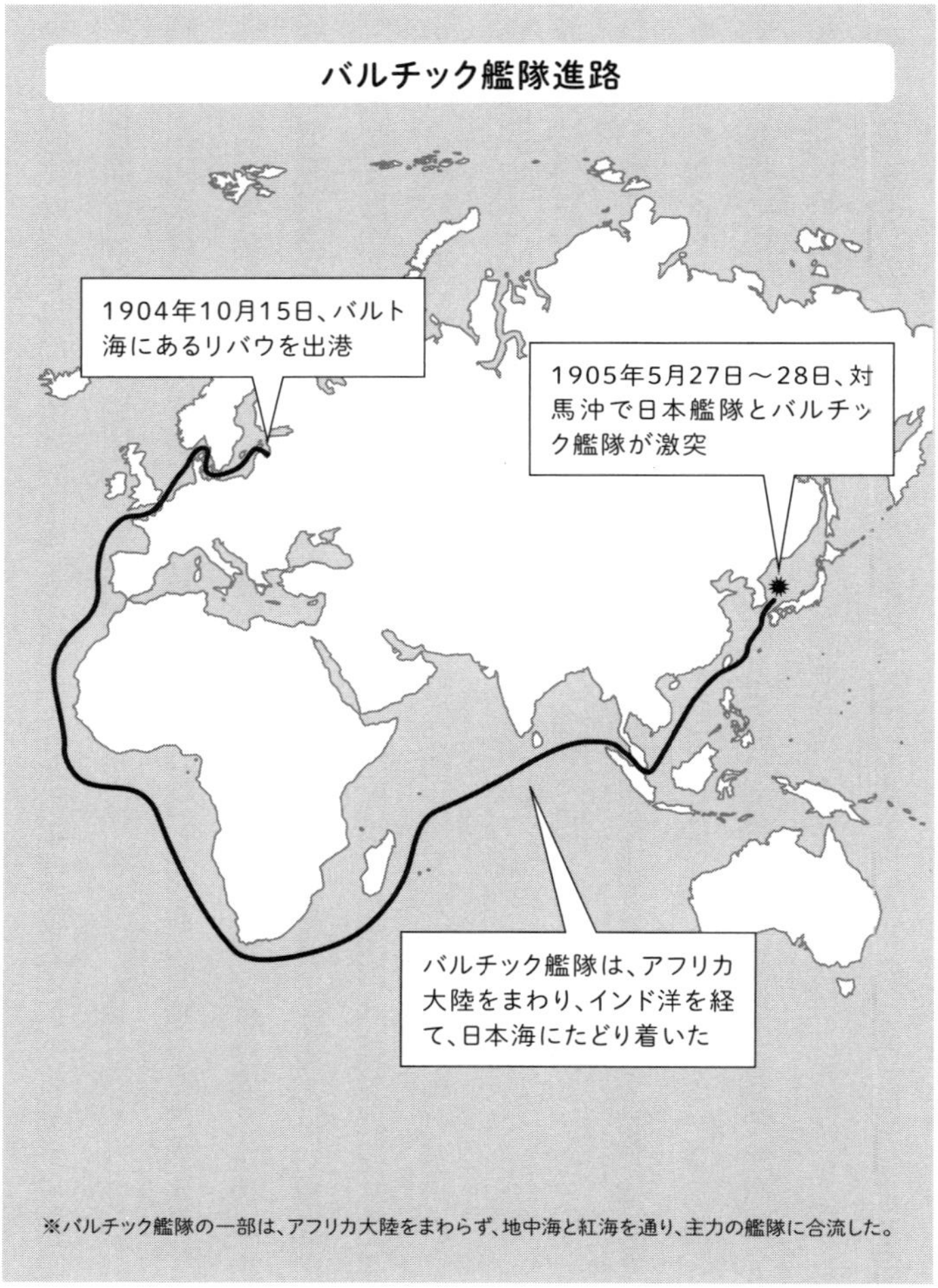
バルチック艦隊進路
1904年10月15日、バルト海にあるリバウを出港
1905年5月27日〜28日、対馬沖で日本艦隊とバルチック艦隊が激突
バルチック艦隊は、アフリカ大陸をまわり、インド洋を経て、日本海にたどり着いた
※バルチック艦隊の一部は、アフリカ大陸をまわらず、地中海と紅海を通り、主力の艦隊に合流した。

長期間にわたる移動には、当然、燃料や食料の補給が必要になります。ところが、ロシアは、日本と同盟関係にあったイギリスにより、燃料や食料の補給を阻まれてしまいます。

結局、バルチック艦隊が太平洋にたどり着いたときには、疲弊してヘロヘロの状態でした。その状態で、バルチック艦隊が日本海に入るルートは対馬海峡か、もしくは宗谷海峡の２つとなると、当然、最短の対馬海峡を選ばざるをえません。そして、１９０５年、万全の状態で待ち構えていた日本軍と対馬海峡で激突したのです。

じつは、日本軍が倒したのは、そのような疲れ切った状態のバルチック艦隊だったのです。もちろん、日露戦争の結果は、日本軍の努力が実を結んだものに間違いはありません。ただ、地理的な視点で見ると、日本軍の勝利にはバルチック艦隊に対して地の理という優位性もあったということができるのです。

Number

12

昭和

地形

日本がプレート境界付近に位置していなかったら第二次大戦をしていない？

石油が採れたかもしれない日本

「もし、日本がプレートの境界付近に位置していなかったら、日本が第二次世界大戦をすることはなかったかもしれない……」

このようにいわれたら、みなさんはどう考えるでしょうか？

「海底にあるプレートと戦争の間になんの関係があるの？」と、疑問を抱くかもしれませんが、「風が吹けば桶屋が儲かる」ということわざと似た話で、もし日本がプレートの境界付近に位置していなかったら、日本でも石油が採れていたかもしれないのです。

高校の地理では、「石油が採れる油田は新期造山帯に多く分布する」と習うと思います。新期造山帯とは、中生代（約２億５千万年前から約６千６００万年前）以降に形成された造山帯のことを指し、地震や火山活動が活発になります。

学校で「油田は新期造山帯に多く分布する」と習うため、「新期造山帯で石油が採れるなら、日本でも採れるはずじゃないか。なぜ、日本ではあまり石油が採れないのだろう」と、疑問に思う人もいるかもしれません。

じつは、「油田は新期造山帯に多く分布する」というのは、語弊のあるいい方なのです。

そもそも石油ってどうやってできるの？

そもそも、石油はどうやってできるのでしょうか？

油田ができるまで

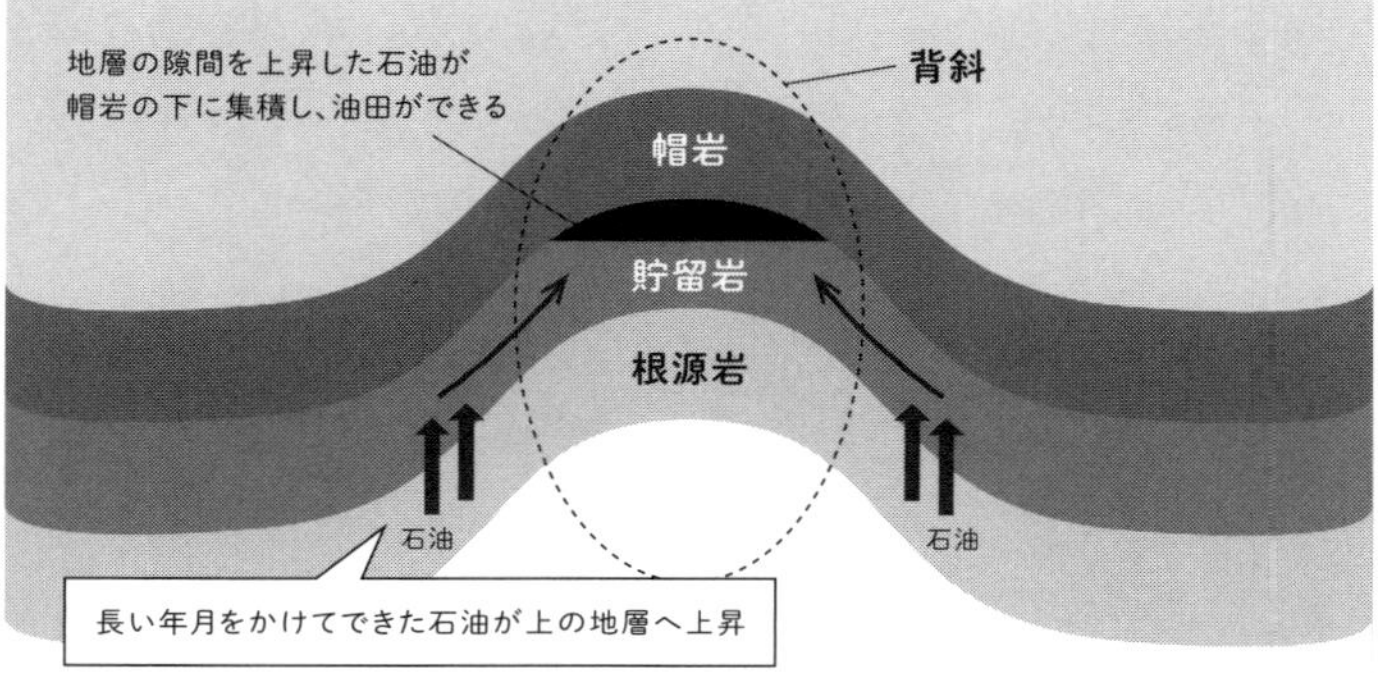

まず、石油について簡潔に説明しましょう。

石油とは、水生の微生物の遺骸が沈殿し、その堆積物に、何億年もの時間をかけて地熱と圧力が加えられた結果、変化してできたものです。

石油は水よりも軽いため、水が占めている地層の隙間を上昇します。

やがて、石油は液体を通しにくい岩石の層である「帽岩《ぼうがん》」の下までたどり着きます。そして、帽岩がふたをするようにして、その下に原油が集積します。これが油田です。この油田から石油が産出されます。

帽岩がふたのような構造をつくるのは褶曲《しゅうきょく》した地層の背斜部分であることが多いからです。地層に背斜構造が多いのが、新期造山帯なのです。このことから、「油田は新期造山帯に多く分布する」といわれているわけです。

ここまで丁寧に石油の説明をしたのは、日本が石油資源の採れにくい場所だということをみなさんに理解してもらいたいからです。

石油がつくられるためには、何億年もの時間をかけて圧力がかけられる必要があります。

日本はプレートの境界上に位置しており、何億年もずっと圧力がかけられているような地層が少ないわけです。

日本が境界上にさえなければ、石油が採れていたかもしれません。

しかし、現実にはそうではなかったわけです。

テチス海

古生代（約5億4千万年前から約2億5千万年前）から中生代（約2億5千万年前から約6千600万年前）にかけて存在していた海に、テチス海があります。

パンゲア大陸が分裂する過程で、テチス海はパンゲアの東部、つまりアジアとアフリカの間に広がり、その後インドプレートがユーラシアプレートに衝突してヒマラヤ山脈が形成される過程で消滅したといわれています。

テチス海が存在した地域の多くが、現在の主要な油田地帯（中東やカスピ海付近）と一致しているといわれています。

日本は、テチス海から少し北に位置しています。

日本から少し南に下った位置にあるインドネシアのスンダ列島に行くと、テチス海の名残があって石油がたくさん採れました。

そのため、日本はインドネシア方面に侵攻していたと考えられます。

テチス海

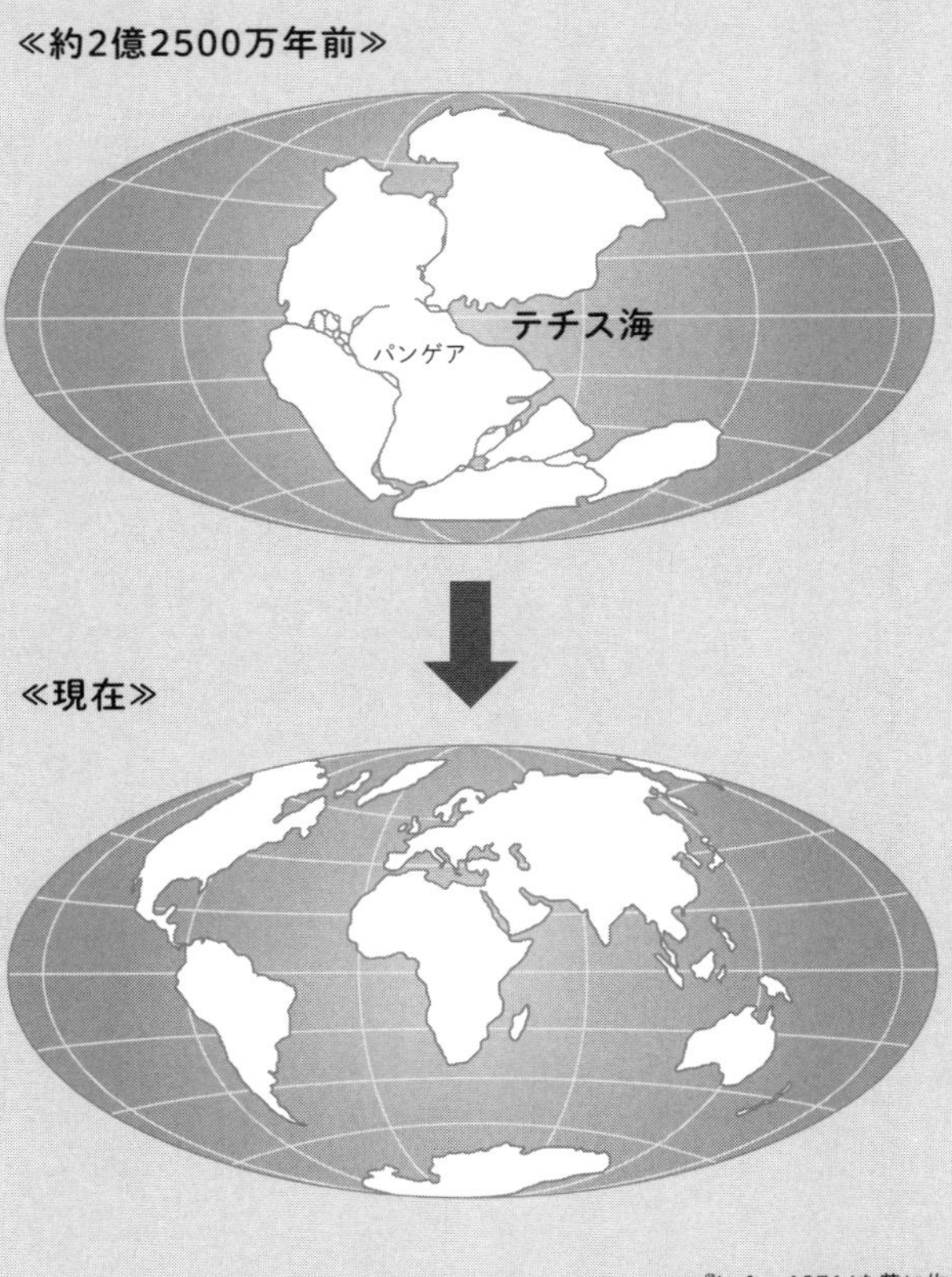

『Loftas1971』を基に作成

日本が第二次世界大戦に踏み切った理由

第二次世界大戦における日本の参戦、特に太平洋戦争に踏み切ったおもな理由の1つが、石油不足でした。

もともと、日本は地下資源が乏しく、石油を含めて資源の大部分を輸入に頼っていました。

ところが、世界恐慌で経済が混乱し、各国がブロック経済圏の中でばかり取引するようになると、日本は資源の輸入が困難になりました。

そこで、日本は中国に進出し、中国本土にある資源全般を確保しようとしたのです。

しかし、アメリカが日本の中国進出に反対して経済制裁を強化し、1941年8月に対日石油禁輸を実施しました。

1941年当時、日本の石油輸入におけるアメリカへの依存度は非常に高く、80%以上の石油をアメリカから輸入していたといわれています。

そのため、アメリカによる対日石油禁輸は日本にとってかなりの痛手となり、急速な石油不足に直面してしまいます。

これが、最終的に日本の南方資源地帯への進出（＝太平洋戦争開戦）を加速させる大きな要因となってしまったのです。

第2章

「貿易・産業」から日本史の「なぜ?」を読み解く

Number

13

鎌倉時代

貿易

最終的に、たんなる「海賊」から貿易を担う「商人」になった倭寇

倭寇はただの海賊ではない？

みなさんは、「海賊」にどんなイメージを持っているでしょうか？

海賊といえば、映画『パイレーツ・オブ・カリビアン』や、漫画『ＯＮＥ ＰＩＥＣＥ』が有名です。

海賊という言葉を聞くと、おそらく、凶暴な「ならずものの集団」が船を使って海上で悪さをしている、という想像をする人が多いのではないでしょうか？

日本史の中で登場する海賊で有名なのは、「倭寇」です。

倭寇は13世紀から16世紀頃に東アジアの海域で活動していた海賊や商人集団を指します。

当時、日本国内でも問題視され、室町幕府の足利義満による倭寇討伐や、豊臣秀吉の海賊禁止令など、さまざまな取り締まりが行われました。

日本史の授業でも、かなり長い期間にわたり倭寇の名前が登場することから、「国を挙げて取り締まらなければならないほどの存在だったのだろうか？」と疑問に思った人もいるかもしれません。

じつは、倭寇のような海賊という存在は、ただの「ならずものの集団」というだけではありませんでした。

時の権力者たちを悩ますほど、政治の面でも厄介な存在だったのです。

政治的にも経済的にも厄介な存在

まず、倭寇が活動していた時代には飛行機もありませんし、通信技術も発達していません。

当時、他国と交流したり政治的なやりとりをしたりするための手段は、「陸路」か「海路」に限られていました。

そして、日本のような島国は陸路を使うことができないので、海路を利用することになります。倭寇によって、その海路が使えなくなってしまうことは、政治的に大問題なのです。

また、この時代における貿易は重大な意味を持っています。

大航海時代に東南アジアの香辛料を求めてヨーロッパからたくさんの船が航海に出ましたが、当時は「胡椒瓶1本あれば家を建てることができた」ともいわれています。やや誇張されたエピソードではありますが、数ヶ月分の給料と同程度の価値があったというのはたしかなようです。それだけ、貿易は儲けが出る商売だったのです。

そんなに儲かる貿易を邪魔されるわけですから、海賊による略奪は経済的に大打撃だったといえます。

これだけ厄介な存在でありながら、海賊は海を拠点としていたことから、他の国ともうまく協働しないと捕らえるのがとても困難でした。海賊は、政治的にも経済的にも、とても厄介で対策が必須の存在だったのです。

海賊の枠組みにはおさまらない存在に

倭寇は、「前期倭寇」と「後期倭寇」に分かれており、両者で性質が大きく異なります。

前期倭寇は、鎌倉時代末期から室町時代にかけて、おもに貧しい土豪や漁民からなる集団でした。前期倭寇は、日本人が中心だったといわれています。おもに、日本や朝鮮半島、中国沿岸を襲撃し、略奪を繰り返していました。

それに対して後期倭寇のほうは、たんなる略奪者ではなく、商人としても活動していました。

後期倭寇は、日本人だけでなく、中国人や朝鮮人、さらにはヨーロッパ人などが集まった多民族の集団でした。おもに日本や東南アジア、さらにはヨーロッパの商人と結びつき、銀、絹、陶磁器、香辛料などの交易品を密貿易していたといわれています。

後期倭寇になると、もはや略奪を働く海賊という枠組みにおさまらない存在になっていたのです。

しかし、16世紀後半になると、日本と中国、朝鮮の政府が対策を強化するようになり、後期倭寇は次第に衰退しました。

そして、豊臣秀吉の時代に海賊活動を抑制する海賊禁止令が出され、倭寇は姿を消してしまったのです。

Number

14

室町時代

貿易

「琉球王国」繁栄の秘密は貿易の形態にあった！

琉球王国はかなり栄えていた！

現在の沖縄県は、かつて独立した王国でした。

１４２９年から１８７９年までの４５０年間、琉球諸島には独立した国家である「琉球王国」があったのです。

琉球王国は、中国の王朝に朝貢することで友好な関係を保ちつつ、日本とも友好な関係を築いていました。

しかし、1609年に事実上薩摩藩が琉球王国を支配することになり、日本の保護国となります。

琉球王国は、江戸時代に商業的に大いに繁栄しました。

琉球王国の繁栄の理由は、現代でもよく行われている貿易形態である「中継貿易」にあるといわれています。

中継貿易とは

中継貿易は、商品が生産される地域と消費される地域の中間あたりで行われます。

輸入した商品を国内で売らず、そのまま別の地域へ転送して再販売する貿易の形態を指して中継貿易と呼びます。

自分たちの地域で使うために輸入したり、自国で生産したものを外国に輸出したりする通常の貿易と異なり、中継貿易では、そのまま、または一部加工して別の国に売るのがポイントです。

中継貿易で発展した国は数知れず

琉球王国の近くに、中国、朝鮮半島、日本、東南アジア諸国が存在していたことから、貿易の中継地として好立地でした。

そのため、各国の貿易船が数多く琉球王国を行き交い、中継貿易が盛んに行われたのです。

地理的な視点で見ると、中継貿易が盛んに行われる地域は、商業的に発達しやすい傾向にあります。

なぜなら、多くの地域との交流が生まれたり、知識人が行き交ったりするなど、文化交流の拠点になってさまざまな商品が取り扱われるようになるからです。

世界史でいえば、オランダのアムステルダムで中継貿易が行われ、ヨーロッ

琉球王国の中継貿易

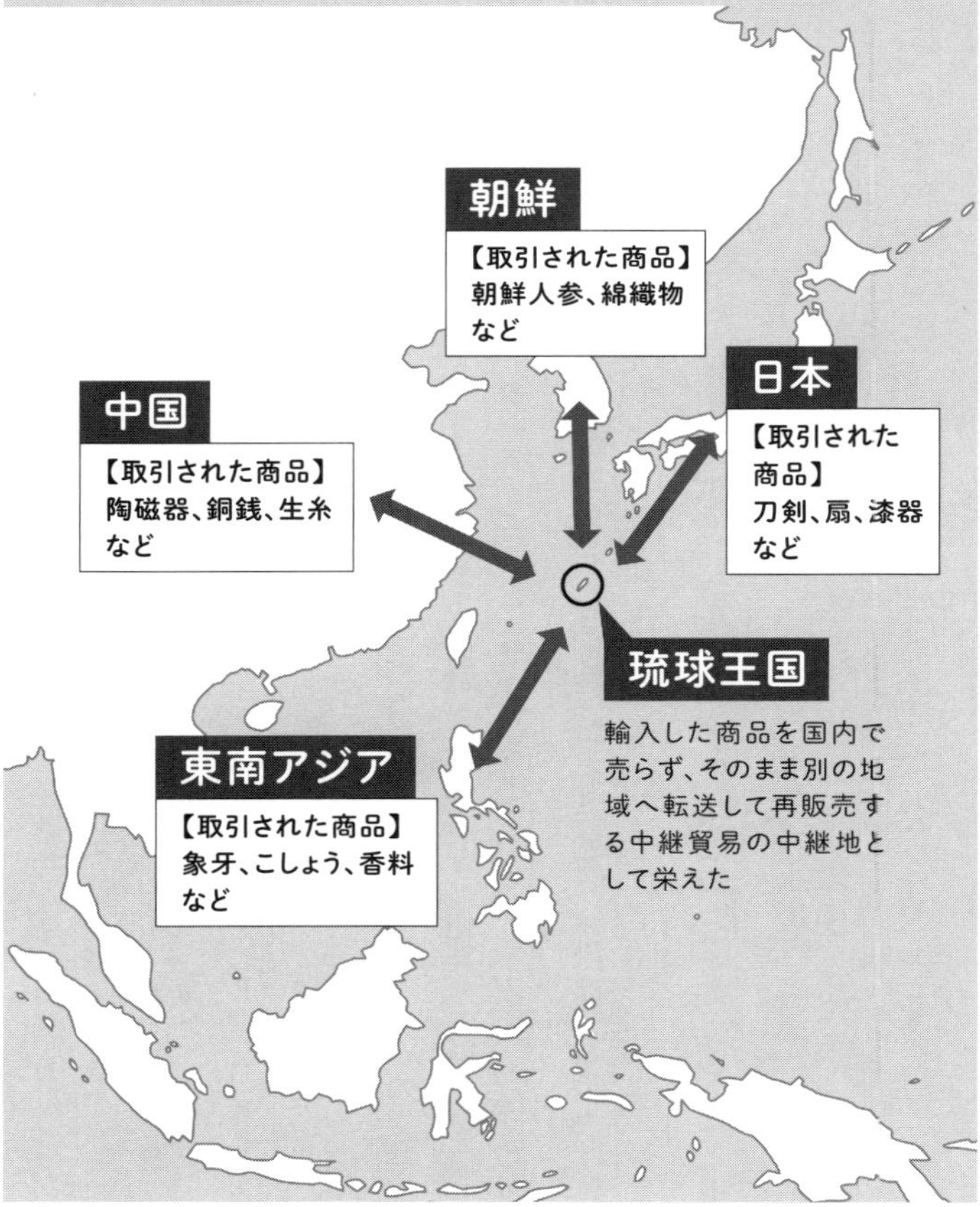
朝鮮
【取引された商品】
朝鮮人参、綿織物
など
中国
【取引された商品】
陶磁器、銅銭、生糸
など
日本
【取引された
商品】
刀剣、扇、漆器
など
琉球王国
輸入した商品を国内で
売らず、そのまま別の地
域へ転送して再販売す
る中継貿易の中継地と
して栄えた
東南アジア
【取引された商品】
象牙、こしょう、香料
など

パとアジアの貿易の中心地となっていました。

オランダは中継貿易で得た莫大な利益から急速な発展を遂げて、覇権国家として多くの植民地を得ることになります。

また、近年でも、シンガポールが東南アジアにおける拠点となり、中継貿易で栄えています。そして、シンガポールは、アジアＮＩＥｓの一国として急速な経済成長を遂げました。

中継貿易で大きな利益を上げるようになり、商業的に発展した琉球王国では、その利益の一部が薩摩藩へと流れ、明治維新へとつながったのではないかという説もあります。

Number

15

江戸時代

貿易

大阪が「天下の台所」として栄えた秘密を地理から読み解く

歴史に何度も登場する大阪

大阪は、現在まで続く「商業が発展している大都市」です。

今も47都道府県の中で東京・神奈川に次いで人口が多いのは大阪です。

日本史の中でも、「豊臣秀吉が大坂城を築いた」「江戸時代に天下の台所と呼ばれていた大坂」「明治時代に工業や製造業が発展した」というように、何度も大阪が登場します。

なぜ、大阪は商業が発展しやすい場所だったのか？

地理の視点で見ると、さまざまな要因を挙げることができます。

立地が最高！ 大阪の位置

まず、大阪の立地が商業にとても適していることです。

大阪は大阪湾に面し、内陸部と海とをつなぐ交通の要衝でした。太平洋側からの海運ルートに加え、下関を通れば日本海側からも物資を運べます。

さらに、淀川の存在も大きいでしょう。

淀川は、長い間都が置かれていた京都や奈良と大阪を結びつけるものであり、物資を運ぶための水路として利用できました。

日本は山がちで、内陸部では交易が難しかったため、水運が可能な場所は発展しやすかったといえます。

日本の国土を鑑みると、陸路で物資を運ぼうとすると山を越えなければならず、昔は大きな労力を伴いました。現代のようにトンネルが発達しているわけでもなく、自動車が普及しているわけでもありません。ですから、陸路ではなく水運が利用できるという立地は大きなアドバンテージだったのです。

そのため、商人たちが自然に大阪に集まるようになり、物流の中心地として発展していったのです。

歴史的な流れから、「天下の台所」に

歴史的に見ると、堺商人は南蛮貿易を通じて莫大な富を築き、その富を使いながら織田信長や豊臣秀吉といった武将とも交流を持つようになったといわれています。

その代表的存在が、千利休です。千利休が豊臣秀吉に重用されたのは、南蛮貿易で得た富が1つの要因だったといわれています。

戦国時代の終わり、豊臣秀吉がこの地に大坂城を築きました。

そして、全国から商人が集められ、都市も整備されます。

豊臣秀吉の死後、徳川家康は江戸に幕府を開きますが、豊臣秀吉が大坂で築き上げたものをすべてなかったことにはしませんでした。

むしろ、徳川家康は大坂という場所をうまく利用しています。

江戸時代になると、海上交通が本格的に整備されるようになり、大坂もその中で重大な役割を持つようになります。

日本海沿岸から大坂に至る「西廻り航路」と、東北地方から津軽海峡を通って江戸へと向かう「東廻り航路」がつくられ、江戸と大坂を結ぶルートには「菱垣廻船《ひがきかいせん》」や「樽廻船《たるかいせん》」と呼ばれる船が行き来するようになりました。

この海上交通の整備により、まず大坂に物資が集まります。

その後、当時最大の消費地である政治の中心地・江戸に物資が運ばれるという流れができました。

特に、全国の大名が大坂の蔵屋敷に米を預け、現金化するという流れができるようになり、大坂は「天下の台所」と呼ばれるようになったのです。

「天下の台所」と呼ばれた大坂

日本海沿岸にある酒田（現在の山形県酒田市）から、日本海沿岸を西に廻りながら下関、瀬戸内海を通って大坂に向かった。

西廻り航路

江戸と大坂を結ぶルートでは、「菱垣廻船」や「樽廻船」と呼ばれる船が行き来した。

東廻り航路

酒田から、津軽海峡を通って太平洋側を廻りながら江戸に向かった。

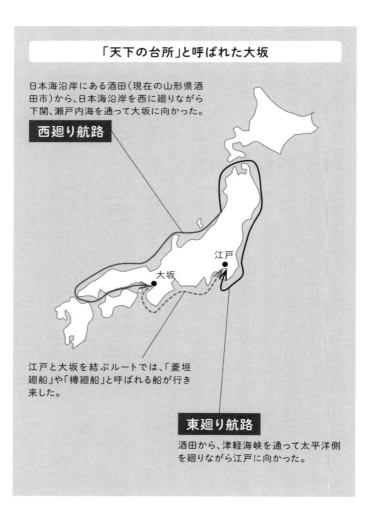

Number

16

幕末

貿易

日本開国を迫ったペリーの本当の目的を地理から読み解く

ペリー来航の目的は？

アメリカの東インド艦隊司令長官のペリーが、黒船に乗って日本の浦賀に来航したのは、１８５３年です。

日本では、ハチの巣をつついたような騒ぎとなり、この出来事から一気に開国と近代化・明治維新へと進んでいくことになります。

なぜ、ペリーは日本に来航し、開国を迫ったのか？

これにはさまざまな理由が考えられるわけですが、日本史の授業では、「水や食料の補給を行うために、日本の港を利用したかったから」というような趣旨の説明がされることが多いようです。

このペリー来航についても、地理的な視点で見てみると、より深く理解できるようになります。

まず、19世紀半ばはアメリカをはじめとする多くの国が、貿易相手国を求めている時代でした。

１８５３年の2年前、１８５1年にはイギリスが世界初となる万国博覧会を開催しています。

万国博覧会には、世界に工業力をアピールする場、という側面があります。世界各国が工業化に成功し、その工業力を背景にして貿易を推進する時期だったと考えられるわけです。

そして、そんな時期に、アメリカは西海岸まで領土を広げることになります。東海岸から領土拡大が始まったアメリカは、どんどんと西に領土を広げ、ついに１８４８年にはサンフランシスコまで到達します。

そうすると、当然、アメリカは西海岸からアジアのいろいろな国と貿易をすることができるようになるわけです。

アメリカの立場から見た日本の利点

アメリカの立場から見ると、日本はユーラシア大陸の玄関口に位置している国です。

したがって、**日本を中継地点にできれば、アメリカがアジアでの貿易を有利に行える**ことは自明でした。

特に、清朝時代の中国の人口は４億人ほどだったといわれています。

これだけ巨大な市場に対して貿易ができれば、アメリカは莫大な利益を得ることができます。

アメリカにとって、日本は中国との貿易を行うための中継地として、とても有用な国だったわけです。

前述の「水や食料の補給を行うために、日本の港を利用したかったから」という説明は、「アメリカがアジアでの貿易をこれから拡大していきたいと考えていた」というのが前提にある考え方なわけです。

アメリカのもう1つの狙い

当時の日本では、鯨漁が行われていました。

鯨は食用として使われるのはもちろんのこと、それ以外にも鯨油がとれます。鯨油は、船の燃料としても利用することができます。

中国と貿易をした帰りに、日本で鯨油や食料を補給できれば、中国でより多くの商品を船に積み込むことができます。このように、**ペリー来航という出来事も、「アメリカが日本の先にある中国を見ていた」という地理的な視点で眺めることで、理解をより深めることができる**のです。

Number

17

明治時代

産業

時代を百年も先取りしていた⁉ 明治の「日本のすごい工業化」

世界でも類を見ないほどの速度で発展した日本

明治維新以降、日本は急速な工業化を迎えます。開国してからわずか40年程度で、日清戦争や日露戦争でも優勢に戦うほどの工業力を身につけることができました。

世界の他の国と比べても、この時期の日本の経済発展ほどのスピードはなかなか見あたりません。

日本の明治維新以降の工業化の背景としては、外国の技術者を招聘してそのノウハウを譲り受け、それを安価で豊富な労働力によって安く商品として販売したことが挙げられます。

日本は素早く、多くのノウハウをもらった国だった

当時、明治政府は国営の工場を多く設置しました。

そして、それを手本として民間産業の発達を促したのです。

中でも、世界遺産となっている群馬県の富岡製糸場は、１８７２年時点でフランスから輸入した３００釜の当時最新式の繰糸機械を設置し、フランス人の技術者を多く招き、教えを受けています。

この工場で製糸訓練を受けた日本の女工たちは、全国の製糸工場で次の世代の技術指導にあたったようです。

軽工業分野以外にも、多くの分野で外国人技術者を高待遇で招き、そのノウ

ハウを譲り受けていました。

受け継いだノウハウをもとに、日本人の労働者をさらに多く雇って工業を発展させたのです。

当時はまだ労働者の賃金も高くなかったため、安価な労働力をたくさん確保できました。その分、商品の値段も安く抑えられるので、ヨーロッパの商品よりも安い値段で輸出することができたのです。

19世紀末から20世紀初頭にかけて、日本は繊維産業で世界市場に進出しました。

この時期、おもにアジア市場向けに他の国より安く繊維製品を輸出し、繊維産業が日本の主要輸出品になっています。

値段の面で日本に勝てなかった外国では「ソーシャルダンピング」と、批判が巻き起こりました。

明治時代の人口増加も追い風に

もう1つ、プラスに働いたのは、明治維新以降の日本の人口増加です。明治維新によって西洋医学が採り入れられ、公衆衛生も改善されました。食生活も改善され、農業技術も発展し、人口が爆発的に増加しました。明治初期（１８６８年～１８７０年頃）の日本の人口は約３千４００万人でしたが、大正時代に入って、１９２０年に初めての国勢調査が行われたときの日本の人口は約５千６００万人だったといわれています。

つまり、たった50年ほどで約２千２００万人も増加しているのです。増加した人口は、安価な労働力として工場で労働に従事するようになったと考えられます。

日本の工業化は、輸出指向型工業？

その後、多くの国で同じことが発生しました。これを高校の地理では、**輸出指向型工業**と呼んでいます。

当時の日本の工業化は、第二次世界大戦後の多くのアジア諸国の経済発展と完全に同じパターンなのです。

例えば、中国では、１９７９年に経済特区がつくられました。そこに外国企業を誘致することで経済発展したという流れがあります。日本の場合は技術者を誘致しましたが、中国は外国企業を誘致したわけです。

同じ輸出指向型の工業化政策は、その他に東南アジアのシンガポールやマレーシア、タイ、そしてベトナムでも行われ、工業化、経済発展につながりました。

明治維新以降の日本と同じことが、１００年の時を経てアジア諸国で行われたことを鑑みると、この経済発展のパターンは正しかったといえるでしょう。

まさに、日本の工業化は、時代を先取りしていたのです。

Number

18

昭和

産業

日本が第二次世界大戦に進むことになったのは、経済が理由？

アメリカの株暴落

1929年10月24日、アメリカのウォール街にあるニューヨーク株式取引所で、後に「暗黒の木曜日」と呼ばれることになる、株の大暴落が発生しました。この影響は凄まじく、世界全体に影響を与えることになります。

日本史の授業では、「世界恐慌における経済へのダメージが、日本が太平洋戦争に進むきっかけとなった」と、習います。

しかし、よく考えると、少し不思議なことがあります。

なぜ、遠いアメリカの株の話が、日本を戦争に駆り立てるほどの影響を及ぼしたのか？

これはいろいろな要因が噛み合わさって発生したので、順を追って考えてみましょう。

まず、当時の日本経済から見てみます。

日本は、世界恐慌発生時点で、輸出の約40％が生糸でした。

その他には、繊維製品の輸出を大規模に行っていました。その最大輸出先は、アメリカです。生糸や繊維製品の輸出が、日本経済を動かす大きなエンジンでした。当時の日本は、貿易に、そしてアメリカに非常に強く依存していたことがわかります。

そのため、アメリカ経済の打撃が、日本にも大きなダメージを与えることになってしまったのです。

当時の日本の失業者の数は30万～50万人にのぼったともいわれており、日本経済にかなり大きなダメージがあったことがわかります。

地理的には遠くても、経済的な距離はアメリカととても近かったわけです。

世界恐慌による経済へのダメージは、日本を長く苦しめることになります。

保護貿易と自由貿易

世界恐慌が発生したとき、多くの国が恐慌をなんとか乗り切る方法を真っ先に考えました。

最初に取りかからなければならないのは、国内の産業の保護です。

貿易で儲かっていた産業が世界恐慌によって潰れてしまうかもしれないので、真っ先に保護する必要があります。

加えて、貿易赤字がさらに発生することも避けなければなりません。財政状況の悪い国と貿易を続けると、赤字がどんどん膨らんでしまうかもしれないからです。

要は、自由に貿易を続けていたらどんどん経済的なダメージが大きくなってしまうということです。

そうならないようにするために考えられた策が、「ブロック経済」でした。ブロック経済は、「主要な国とその国の植民地・周辺地域でグループをつくり、他をブロックする」という内容です。

具体的には、決済通貨を軸としたグループの中で関税を軽減して域内での商業活動は積極的に行いつつ、域外から何かを輸入する際には高い関税をかけて「ブロック」してしまったのです。それまでの経済が自由貿易だったのに対して、この貿易は「保護貿易」でした。

こうした状況下で、日本は世界全体で見ても類を見ないほどのダメージを負うことになります。

「ブロック経済」で経済の立て直しができるのは、植民地や関連地域を多く持っている国です。日本はまだそこまで進出していませんから、ブロック経済圏をつくることはできませんでした。おまけに資源が乏しく、特に石油に関しては輸入に頼らざるを得ない状況でした。

そんな中で各国がブロック経済圏をつくるようになって、日本は「昭和恐慌」と呼ばれる大変な打撃を受けることになってしまったのです。

前述の通り、この時期の日本の発展はまだ局所的で、余裕のない農村部で大きなダメージがあったといわれています。

これらの状況から、「資源と市場を獲得するために海外に進出していくべきだ」という論調が次第に強くなり、満州事変や太平洋戦争へとつながることになったというわけです。

第3章

「農業・工業」から
日本史の「なぜ？」を読み解く

Number

19

弥生時代

農業

戦乱の多発と稲作の意外な関係

稲作が定着しやすい環境だった

他の国と比較するのは難しい面もありますが、日本の歴史をひもとくと国内における戦乱が多く発生しています。

1世紀中頃から2世紀初頭に「倭国」という国ができたとされていますが、成立後も「倭国大乱」という騒乱などが発生しており、戦争の多い時期だったといわれています。

その後も、古墳時代、飛鳥時代、奈良時代と、多くの戦乱がずっと発生しています。

なぜ、日本は国内での戦乱が多いのか？

いろいろな要因が重なって起きていることはもちろんですが、あえていうなら、**「稲作文化」**が1つの大きな要因として挙げられます。

他のアジアの国と同様、日本は稲作が定着しやすい環境でした。

稲作文化は、縄文時代の終期に大陸から伝わったとされます。

日本は高温多湿な気候で、かつ豊かな水資源もあります。琵琶湖の周りや川のそばなど、水の得やすい場所から稲作が定着したといわれています。

米は、主食として非常に優れた性質を持っています。他の食べ物と比べて栄養価が高く、エネルギーを得やすいうえに、高い持続性もあります。

一般的に、同じ土地で同じ農作物を何度も育てると、土から次第に栄養が失われてしまいます。これを連作障害と呼びます。稲作では、田んぼに張った水を定期的に入れ替えるため、連作障害が発生しにくいのです。

さらに、稲作は気候の影響を受けるリスクも他と比べて低いという特徴があり、また、長期間の備蓄もできます。

米は、まさに最高の食べ物だったというわけです。

デメリットは水の確保

ところが、米食文化には騒乱のもとになってしまうという側面もあります。

まず、稲作をするためには水路を整備する必要があります。

川から水を引いて稲作をするためには、大規模な灌漑工事や関係者の利害調整のコミュニケーションが必須になります。

水源や水路を決めなければなりませんし、上流で水を取りすぎてしまうと下流でなかなか取れなくなってしまうので、場所ごとに引く水の量に対して取り決めを設けることも必要です。

水路の整備に付随する作業を滞りなく進めるには、全体の指揮を執るリーダーの存在が不可欠です。リーダーの指揮のもと、灌漑工事をしたり、水の配分を決めたりする必要が生まれたことが、身分の差をつくることにつながった1つの要因ではないかとされています。

そして、そうしたリーダーの誕生や身分の差は、不満や怒りの感情を生みやすいため、当然ながら戦乱を生みます。

稲作文化がある中国やインドでも同様の現象は発生していたのですが、日本の場合は特に顕著でした。

日本は、山の多い地形で、川も他の国に比べて急流が多くあります。急流である分、灌漑の整備も他の国に比べて大規模になりがちです。

また、山が多いということは平地も少なく、農業に適した土地とそうでない土地に差が出てしまう国土ということを意味します。

そうすると、農業に適したわずかな土地を人々の間で奪い合う必要が出てきてしまうわけです。それが、日本の数々の騒乱につながった、と考えることができるのです。

Number

20

古墳時代

農業

なぜ、渡来人は5世紀に日本に来たのか？

渡来人が日本に来た、政治的理由

「5世紀頃、朝鮮半島や中国から倭国にやってきた人々を渡来人と呼ぶ」日本史の授業では、このように渡来人について説明されると思います。渡来人とは、現代風に表現するなら「移民」のことです。移民とは、もともと住んでいた居住地から別の場所に移り住んだ人を指します。

そもそも、なぜ渡来人は5世紀頃に日本にやってきたのでしょうか？

現代の世界にも移民はたくさんいますが、基本的には生まれた国でずっと生きていければそれに越したことはないはずです。

そもそも、5世紀頃には飛行機や新幹線が存在しません。移動は大変な労力が伴う行為であり、気軽に元の土地に帰ることもできません。一度日本に渡ってしまったら最後、二度と自分の国に戻れない可能性のほうが高くなります。わざわざ他の地に移り住むのには、それなりの理由があるはずです。

そこで、地理の視点から、この理由について考えてみましょう。

人口移動が発生する要因は、今も昔もあまり変わりません。おもに、「政治的理由」と「経済的理由」の2つです。

そこで、渡来人が日本にやってきた理由についても、政治的理由と経済的理由の2つの観点からそれぞれ考えてみましょう。

まず、政治的理由とは、戦争から逃れて来た、強制的に国外へ追放されたなど、「元いた場所から、政治の問題で、追い出された」ということが挙げられます。

渡来人がもともといたとされる中国や朝鮮半島では、当時、さまざまな騒乱が起きていました。

多くの国が入り乱れる五胡十六国時代の中国では、いろいろな国の間で戦争が行われており、朝鮮半島でも戦争が絶えませんでした。

それらの戦争から逃れて日本に渡ってきた渡来人は、いわば「難民」だったのではないかと考えることができます。

経済的な理由も存在するかもしれない

政治的理由に対して、経済的理由とは、移住先のほうがお金を稼ぐことが可能な場合や、移住前の職業では貧困状態に追いやられてしまうことなどです。

現在の世界でも、ドバイやサウジアラビアには数多くの移民がいます。これは、中東諸国が石油で儲けたお金、つまりオイルマネーで潤っているからです。建物を建設したり、サービス業を充実させたりしているので、出稼ぎとして働きに来て、お金を稼いでいるのです。

アメリカでは、トランプ大統領がメキシコとアメリカの国境に壁を建設するほど、メキシコからアメリカに不法に移住する人が多かったのですが、これはメキシコよりもアメリカのほうが経済的に豊かだからです。

では、渡来人が日本に移住して、定住するようになった経済的な理由はなんでしょうか？

当時の日本が経済的に豊かだった、とは考えにくいでしょう。

しかし、**渡来人は日本で仕事をして、経済的なメリットを得ていた**と考えられます。なぜなら、日本にとって大陸の情報は貴重だったからです。

例えば、**須恵器と呼ばれる焼き物の製造方法や現在まで残っている輪島塗のルーツは、渡来人から伝えられたといわれています**。

陶器のつくり方や農業の仕方、文化的な活動など、大陸では当たり前に広まっている技術が、５世紀頃の日本ではまだ広まっていなかったため、渡来人は、日本人から大変重宝されたと考えられます。

Number

21

鎌倉時代

鉱産資源

マルコ・ポーロの「黄金の国ジパング」という言葉の背景

日本史と地理と世界史の混ざった複雑な話

13世紀のイタリアの商人であるマルコ・ポーロが記した『東方見聞録』の中で、日本は「黄金の国」として紹介されました。

「黄金の国ジパング」という表現が有名ではあるものの、現代の私たちからすると、日本を「黄金の国」と呼ぶのは少し違和感があります。

なぜなら、現代の日本国内に黄金でできた家がたくさんあるわけでもありませんし、それどころか地下資源の乏しい国とすらいわれているからです。

本当に当時の日本は、マルコ・ポーロのいう通り「黄金の国」だったのでしょうか？

マルコ・ポーロは日本に来ていないというのが通説ではありますが、実際に、マルコ・ポーロは中尊寺金色堂や佐渡の金山を見て、日本を「黄金の国」と考えたのではないかという説もあります。

じつは、地理的な視点も用いてひもといてみると、このマルコ・ポーロの「黄金の国」という言葉の背景が浮かび上がってくるのです。

当時、金山は今より少なかった？

マルコ・ポーロは、イタリアのヴェネツィア生まれの商人です。

ヨーロッパ人として、アジアにおける日本を『東方見聞録』の中で「黄金の国」と紹介しました。

現代では、金山といえば日本以外の国のほうが有名です。アフリカやアメリカ、オーストラリアでは、今でも金山の発掘が行われています。

アメリカ大陸の発見は１４９２年、アメリカでゴールドラッシュが起こったのは１８４９年のことです。

また、オーストラリアをヨーロッパ人が発見したのは、１６０６年だといわれています。

一方、『東方見聞録』が成立したのは、１２９９年です。

つまり、13世紀の世界を見渡すと、金が採れる地域はあまり見つかっていなかったと考えることができます。

現代の私たちの感覚からすると、日本は黄金の国ではありませんが、当時の人々の目には、「世界有数の金産出国」に映ったのでしょう。

当時の日本はたしかに世界有数の金輸出国だった

佐渡の金山や東北地方の金山など、当時の日本は、たしかに金が採れやすい国でした。

地理的に説明すると、日本は「環太平洋造山帯」の一部に位置しており、火山活動が盛んな地域です。

火山活動は、地下のマグマによって金などの鉱物を熱水と共に地表近くまで運び、鉱脈を形成します。これを「熱水鉱脈」と呼びます。日本には、熱水鉱脈が多かったのです。

日本では、奈良時代から金の産出が盛んでした。金を外国に輸出することで、多くの財を得ていました。

マルコ・ポーロが『東方見聞録』を書いた後の江戸時代や明治時代にも、日本は金をたくさん輸出していたといわれています。日本は本当に「世界有数の金輸出国」だったわけです。

なぜ、今の日本に金が少ないのか？

では、なぜ現代の日本は、金の産出が少ない、資源の乏しい国になってしまったのでしょうか？

現代の日本の地下に埋まっている金の量は、世界全体と比べても、特に多いわけではありません。現在まで残っている金山も少数です。

ただ、量が少ない分、日本には「質の高い金鉱山」がたくさん存在したといわれています。

日本は、金の含有量が非常に高い、高水準の金鉱石をたくさん産出する国だったわけです。量より質ということです。

そして、量が少なかった分、すぐに枯渇してしまったので、現在の日本には金山がほとんど残っていないという状況になってしまったのです。

Number

22

安土桃山時代

農業

戦国最強・武田信玄が天下を取れなかった理由は領地にあった⁉

武田信玄が抱えていた問題

「戦国最強の武将は誰か？」

この問いに対して、上杉謙信や武田信玄の名前を挙げる人が多いかもしれません。

武田信玄は、甲斐国（現在の山梨県）の戦国大名で、「甲斐の虎」と呼ばれました。信玄の率いる武田の騎馬隊は、戦国時代において最強と謳われていました。

しかし、武田信玄は天下を取ることができず、最終的に織田信長・豊臣秀吉が天下統一を果たします。

なぜ、軍事的に強かったにもかかわらず、武田信玄は天下統一を果たせなかったのでしょうか?

もちろん、さまざまな要因が複雑に絡み合った結果ではあると思いますが、地理的な視点で見ると、1つの重要な事実が浮かび上がります。

それは、「土地の問題」です。

まず、**甲斐国は農地が弱く、水害の多い地域**でした。

そのうえ、**内陸にあったため、水運を使った交易ができず、商業があまり栄えませんでした**。

織田信長の領地の農業生産性はかなり高かったといわれており、かつ、水運で経済的にも成功していたことを考えると、かなり対照的です。

実際、武田信玄の領地である甲斐・信濃の石高は一説によると合わせて60万石程度で、最盛期でも100万石程度だったといわれています。これは、尾張・美濃・伊勢（北部）を合わせて150万石程度を手中におさめていた織田信長と比べても少ない数字といわざるを得ません。

「信玄堤」が生まれた背景

武田信玄といえば、信玄堤が有名です。

信玄堤とは、武田信玄が甲府盆地につくった大規模な堤防です。連続した堤防ではなく、複数の堤防を重ね合わせるなど、当時としては斬新な設計でした。

この信玄堤をはじめとして、武田信玄は土木工事にとても力を入れていたといわれています。

なぜ、武田信玄が土木工事を推進していたのかというと、やはり、農地が弱いため経済的な困窮を余儀なくされていたからだと思われます。

土木工事を行うことで、武田信玄は農業生産性をなんとか上げようとしていた、という説が濃厚です。

土木工事のために、武田信玄は増税を行っています。大規模な増税も何度か行われたといわれ、土木工事の予算に回されていました。

当然、戦いにも莫大なお金がかかります。

そのため、武田信玄は増税を行って土木工事にたくさんの予算を回しながら、戦いの準備もしなければならなかったのです。減税を行って経済を回そうとしていた織田信長と対照的ですが、土地の状況を考えれば仕方がないことでした。しかも、武田信玄による増税は、領民の逃亡を招いてしまったともいわれています。

このように、武田信玄は、自身の領地に大きなハンディキャップを抱えていたことがわかります。

前述の織田信長の話も踏まえて考えると、軍事面に秀でていても、経済的な成功がないと、天下を取ることは難しいということなのです。

Number
23
安土桃山時代
農業

「領土の大きさ」ではなく「米の量」で勢力を表したのはなぜ？

世界的にも非常に稀な税システム

奈良時代から江戸時代の終わりまで、日本では貨幣経済が進展した後でも、基本的に米を年貢として徴収する税制が採用されていました。

この体制が終わったのは、１８７３年（明治６年）に導入された地租改正のタイミングです。従来の年貢制度が廃止され、農民は土地の所有者として地価に基づいた税（地租）を貨幣でおさめることになりました。

つまり、150年ほど前まで、日本の税は米だったということです。

これは世界的に見ても、かなり稀です。

もちろん、貨幣経済が進展するまでは穀物で税を徴収するのが普通でした。古代ローマや古代エジプトでは小麦や大麦などの穀物が税として徴収されていたようですが、貨幣経済の進展とともに廃止されました。

日本に一番近い例として、中国では16世紀中頃まで米麦や生糸などの現物で税をおさめていたのですが、一条鞭法という税制に改められて銀が税としておさめられるようになりました。一条鞭法も、1580年代には全国に普及したといわれていますから、日本はこれに約300年遅れています。

また、米に関連してもう1つ、普通ではないことがあります。

それは、「石高」と呼ばれるシステムです。

「石高」では、その地域の経済力を「石」という指標を用いて米の生産量で測ります。このシステムは、明治時代が始まるまで続きました。

1石は100升で、約180リットルあります。重さで表すと、約150キログラムに相当します。

前田利家が基礎を築いた加賀藩は、戦国時代から江戸時代にかけて、米の生産量が多い藩でした。石高は１００万を超え、全国1位です。それを讃えて「加賀百万石」という言葉までできたほどです。

このように、石高はその地位の生産性や勢力を示す言葉として扱われるようになりました。

しかし、その地域や藩の経済力を米の生産量で測ることは、世界的に見たらかなり稀だといわれています。

なぜ、日本では石高という指標が採用されていたのでしょうか？

石高制は非常に理に適ったシステムだった？

地理の視点で見ると、「米が、日本社会における基本的な経済・生活基盤だったから」だと考えられます。

これまで何度もお話ししている通り、稲作は日本の風土に適しており、米は昔から現在に至るまで日本の主食としてずっと愛されています。

しかも、日本の国土の広い範囲で稲作を営むことが可能でした。

他の国と比べると、「国土の大部分で同じ穀物が収穫できる国」は珍しいといえます。

例えば、中国は東西南北に大きく、稲作が可能な地域もあれば稲作が難しくて小麦を主食とする地域もあります。世界的には、気候条件によって栽培する穀物が変化するのが普通なのです。

また、米は長期保存が可能なため、流通や取引の基本単位としても適しています。

日本では貨幣経済の進展が他の国に比べて遅かったといわれていますが、それだけ米が流通や取引の基本単位として適していたために貨幣を導入する必要性にそこまで迫られなかったということかもしれません。

そんな日本において、石高制は非常に理に適ったシステムでした。人口や領地の広さでは、生産性の高さは測れません。

でも、石高制は実際に得られる米の生産量を評価するものですから、かなり実に迫った評価指標となり得たわけです。

幕府も石高制を積極的に利用し、「大名を効率的に管理するための重要なシステム」として扱っていたといわれています。その結果、明治時代に入るまで、ずっと「米の量」を参照する税制が行われていたのです。

Number

24

明治時代

工業

じつは、日本の産業革命は世界的にかなり特殊だった！

日本の急速な発展のウラ側

1868年の明治維新から20世紀初頭にかけて、日本は、急速な近代化を遂げました。富国強兵政策が成功し、工業的にも軍事的にも発展することになったわけです。

前述の通り、日本の近代化は、外国の技術を取り入れて工業製品を輸出するという「輸出指向型工業化」に類する内容でしたが、じつは当時の欧米列強の国々と比べると、日本はかなり珍しい発展の仕方をしています。

産業革命とは何か？

18世紀後半から、世界各国で「産業革命」と呼ばれる社会変化が起きていました。

産業革命とは、燃料を使用した機械工場で従来の何倍もの製品を効率的につくることができるようになる技術革新、および、それに伴う社会変化のことを指します。

例えば、それまで手作業でつくっていた製品を機械の工場でつくれるようになり、１時間で10個程度しかつくれなかったものが１００個も１０００個もつくれるようになったわけです。そうやって多くの製品をつくって、海外にどんどん輸出していくことで、多額の資本を得ることができました。

イギリスで起きた産業革命は、やがてベルギーやフランス、ドイツ、アメリカ、ロシアまで広がります。

そして、それに続いたのが、何を隠そう日本です。

1894年からの日清戦争で、日本は多額の賠償金を得ました。その賠償金を使った設備投資も影響し、1890年代に産業革命が起きます。

特殊な日本の産業革命

他の国と比べると、日本の産業革命には特殊な部分がありました。

そもそも今まで「産業革命」とひと言で表現してきましたが、産業革命にもさまざまな形態があります。

例えば、イギリスで行われた産業革命は、石炭を燃料として、「軽工業（繊維工業など、衣服をつくるような工業）」で行われ、第一次産業革命と呼ばれます。

その後に起こったアメリカやドイツは、新しいエネルギーとして石油や電気を使った「重化学工業（製鉄・鉄鋼業など）」で行われ、第二次産業革命と呼ばれます。

逆に、イギリスは第二次産業革命に乗り遅れた、という人もおり、第一次と第二次では性質が異なります。

では、日本はどちらなのか？

じつは、**日本ではこの時期の世界の中では珍しく、「第一次と第二次、両方の要素がある産業革命」が発生した**のです。

１９００年以前の段階では、富岡製糸場などでの絹の生産に代表される繊維工業が発展しました。

明治維新以降、海外から蒸気機関や鉄道がどんどん導入され、外国人技術者が招かれ、手作業から機械を使った大量生産に移行し、製糸業や紡績業が産業の中心になりました。この点は、イギリスの第一次産業革命と似ています。

しかし、産業革命はそこで終わらず、20世紀初頭には日清戦争や日露戦争を経て、造船業や製鉄業が大きく発展しました。

動力源も蒸気機関に代わって電力が広く使われるようになったことから、電力を利用した工業化が進展しました。化学工業も成長し、肥料や染料、薬品などの分野で新たな産業が生まれます。

つまり、**世界が１００年以上前から徐々に進めていた産業革命を、日本はわずか数十年という短期間で両方やってのけた**というわけです。

こうした発展が、日露戦争で大国ロシアと戦うことができるほどの軍事力を下支えしたと考えられます。

とはいえ、この急速な発展の裏側で、都市部は工業化しつつも農村部は発展しておらず、国全体が豊かになるというよりも局所的に発展している状態だったといわれています。

この脆さが、関東大震災や世界恐慌（昭和恐慌）以降、大きな歪みとなって日本経済に打撃を与えることにつながります。

第4章

「人口・まちづくり」から日本史の「なぜ？」を読み解く

Number

25

奈良時代

都市

なぜ、平城京・平安京では条坊制が採られたのか？

現代に残る「〇条通り」

京都の街を歩くと、「四条河原町」や「五条駅」など、「〇条」という名前の通りがたくさんあることに気づきます。

京都の街の区画は、碁盤の目のように綺麗に配置されています。これは、京都だけでなく、札幌でも同様です。

京都や北海道の都市形態は、「条坊制」と呼びます。

もともと、条坊制は中国の王朝・唐の都である長安でつくられた形態だといわれています。日本では藤原京・平城京・長岡京・平安京が長安を模してつくられたといわれています。アメリカのニューヨークやメキシコのティノチティトラン（現メキシコシティ）などでも、この形態が用いられています。

条坊制では、碁盤の目のように道や区画が整然としていることから、他の都市にないさまざまなメリットがあります。

例えば、条坊制では主要な通りが直線的に配置されているため、移動が簡単で、物資や人々の交通がスムーズに行えます。

また、東西南北に区画された通りは方向感覚がつかみやすく、迷わずに目的地に移動することが容易であるため、都市内の移動が効率的になるのです。

なぜ平城京や平安京ではこのシステムが採用されたのか

そもそも、なぜ、平城京や平安京で条坊制が採用されたのでしょうか？

1ついえるのは、**条坊制は、その土地に都市を新しくつくるときに用いられる形態**だということです。

なぜなら、店や民家があるところで条坊制を採用するのは非常に難しいからです。

条坊制が採用された場所を見ると、アメリカやメキシコは新大陸で、新しく開拓された土地です。札幌も、同様です。

新しい場所にゼロから都市をつくろうとすると、大変な労力がかかります。

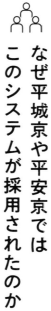

そのため、条坊制は、その作業を一気に行うことができるような、中央集権的な国で採用される場合が多いのです。

ひとたび完成すれば、統一された区画によって、統治者が都市全体を統制し

平城京の条坊制

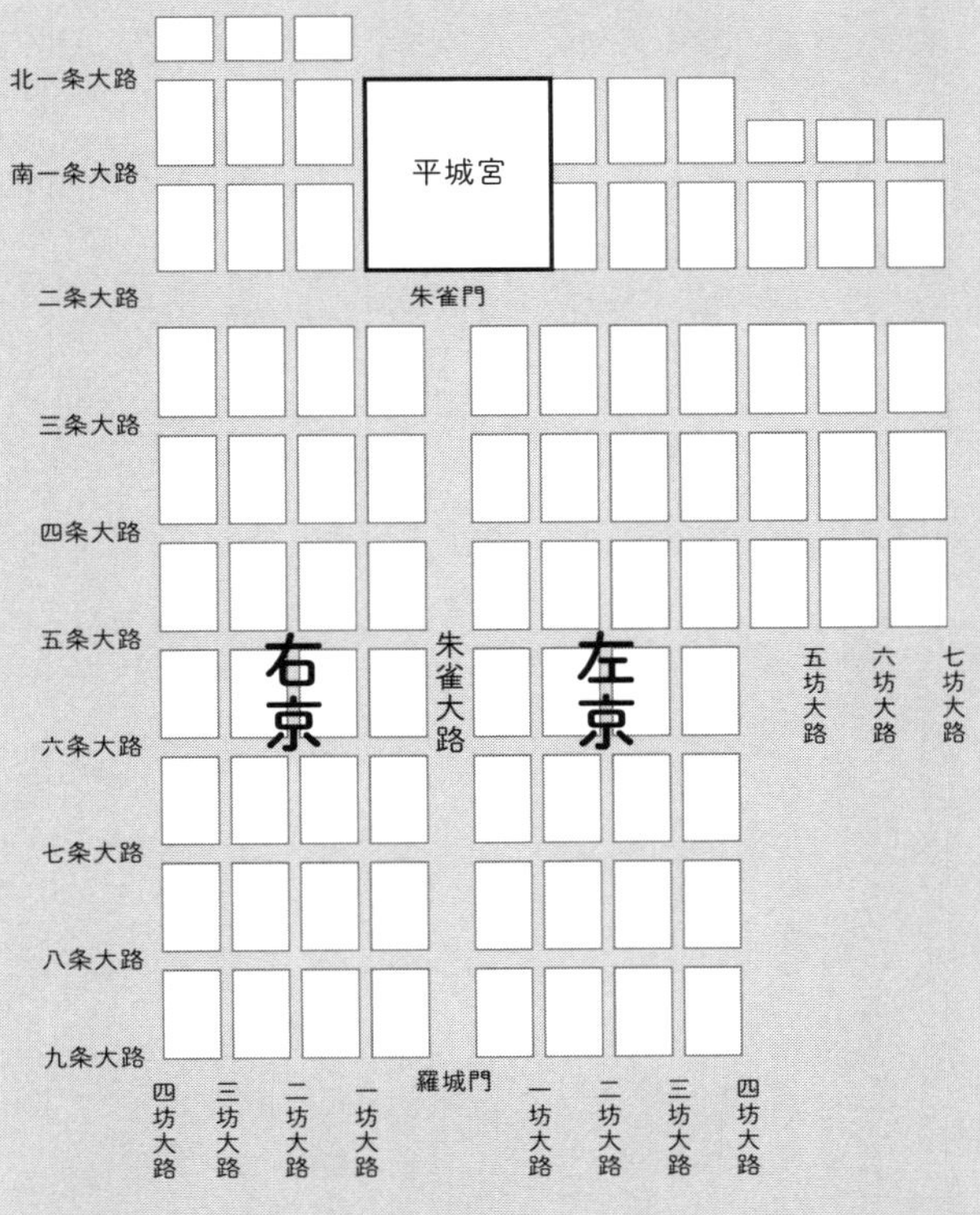

街の中心を南北にはしる朱雀大路によって、右京と左京に分けられている。東西と南北をはしる道路によって、街全体が碁盤の目のようにきれいに区画されている。

ているという権威の象徴となり、政治的な安定を示すことができます。

飛鳥時代から奈良時代にかけて、日本では国の土台をつくろうとしていました。新しい土地に都をつくり、自分たちの権威をしっかりと示して、律令制度を整えようとしたのです。

そういった狙いから、当時の中国の都を参考にして都市計画を立てたのです。

新しい国づくりにおいて、条坊制はもってこいだったというわけです。

Number

26

平安時代

都市

千年以上にわたり、日本の中心を担った京都の地理的なメリットとは？

京都の何が良かったのか？

平安京に移ってから、日本の政治の中心は、長い間「京都」になります。

７９４年、現在の奈良県にある平城京から、現在の京都府にある長岡京を経て平安京に遷都され、そこから天皇の御所は明治維新まで京都に置かれました。

つまり、千年以上にわたり、日本の全体的な政治の方向性が京都で決定されていたわけです。

では、京都という都市にはどのような特徴があり、京都が政治の中心であることにはどんなメリットがあったのでしょうか？

地理的な視点で見ると、いくつかのメリットが浮かび上がります。

1つは、山で囲まれた盆地であることです。

三方向が山で囲まれているうえに、山から川が流れているため、水も豊富です。盆地は四季の変化が激しくなります。山に囲まれていることから夏は風が山で遮られて湿度が高く蒸し暑く、冬は山に囲まれている影響で夜もとても寒いのです。

このように四季の変化が激しいことは、春夏秋冬の変化を楽しむことができ、日本独特の自然を感じることができるというメリットがあります。

この四季の変化が、京都の文化を育ててくれたという面もあるかもしれません。

また、人口を支えるという点においても、京都は好都合でした。前の都である奈良とも近いうえに、大きな水源となる琵琶湖からも近く、さらに食料が豊富な瀬戸内海や大阪とも近いので、交通の要所として栄えたのです。

２０２４年現在でも、京都市の人口は日本全国７９２の市の中で８番目の多さです。

さらに、軍事上のメリットもありました。

三方向が山で囲まれていることから、遷都された当初は、京都は「他と比べて攻められにくい土地」でした。三方向が山なので、一方向からの攻撃を警戒さえすれば防衛できてしまったというわけです。

明智光秀を困らせた京都の弱点とは

さきほど、「遷都された当初は」と書いたのには理由があります。

京都は、日本の政治の中心になって以降、さまざまな人が往来するようになっていました。

前述の通り、京都は交通の要所としても栄えるようになり、山の中を通る街道がつくられ、東西には山陰道、東海道、南北には大和街道、山陽道（西国街道）などがあって移動しやすい状態になりました。これは、京都の利便性を大いに高めてくれました。その国の中心部に多くの人が訪れやすい状態であることは、国の発展に大きく寄与します。

ところが、この点が有事には反対に大きなデメリットになってしまうのです。移動しやすいということは、攻め込むルートがたくさんあることに他ならないからです。この影響で、京都という都市に「攻め込まれやすい」という大きな欠陥が生まれてしまったのです。

この特徴が、本能寺の変を起こした明智光秀を大いに困らせました。本能寺の変とは、１５８２年、明智光秀が京都の本能寺に滞在していた織田信長に対して起こした謀反のことです。

信長への襲撃後、京都にいた明智光秀は、羽柴（豊臣）秀吉にあっという間に攻め込まれて倒されてしまいました。「利便性」と「軍事上のメリット」は、なかなか共存しないということなのかもしれません。

Number
27
平安時代
建築

なぜ、日本の城には城壁がないのか？

日本の都市と世界の都市の違い

日本史の授業で、平安京の地図を見たことがある人は多いと思います。

平安京と世界の首都を比較すると、１つ大きな違いがあります。

それは、「城壁がない」ことです。

江戸城にも、石垣こそあるものの、町をグルッと取り囲むような城壁はなかったといわれています。

しかし、世界的に見れば、王様がいる都市を守るように周りに壁がつくられている首都が多くあります。

市街地が城壁で囲まれた集落は、城塞都市や城郭都市と呼ばれます。古くは古代エジプト文明やメソポタミア文明、古代ギリシア文明などの各地で誕生しており、例えばイラクのバグダッドには、現在でも古代の城壁が残っています。

イタリアにも、アウレリアヌス城壁が現代にまで残っていますし、トルコのイスタンブールも、エジプトのカイロも、市街地を囲むように城壁が広がっていた跡が残っています。

なぜ、日本では、平安京のように、城壁のない都市が多いのでしょうか？

日本の地形の問題？

その答えを出すためには、そもそも城壁がつくられる理由を理解する必要があります。

いうまでもなく、城壁の役割は戦乱が発生したときに外敵から自分たちの身を守ることです。

高い城壁が、侵入者からの攻撃を防いでくれます。

しかし、裏を返せば、城壁がないと敵に攻め込まれてしまうということでもあります。

つまり、**城の周囲が敵が攻め込みやすい平原で囲まれている地域で城壁が必要とされている**場合が多いということです。

平原であれば、四方から攻められる可能性を考慮しなければならず、四方を守るために城壁が必要になります。

一方、**日本の場合、山が多く川に囲まれた地形が多いので、例えば山を後ろにして城を構えることで背後から外敵に攻め込まれにくくしたり、海や川に面した場所に城を置くことで外敵が入って来られないようにしたりすることが可能**でした。要は、**人工的な城壁がなくても、防御することが可能**なのです。

そのため、日本では、壁の代わりに自然の力を活用していたのだと考えられます。

もう1つ、城壁が地震で壊れてしまうことを考慮しているのではないかという説もあります。

日本は、太平洋プレート、フィリピン海プレート、ユーラシアプレート、北米プレートという４つのプレートの境目に位置するため地震が多く、高い建物をつくっても壊れてしまう危険性があります。高い壁をつくったところで、地震で壊れてしまったら、かえって危険です。

海外ではあまり考慮する必要がないかもしれませんが、日本では地震は死活問題です。そのため、壁がつくられることが少なかったのではないかと考えられるのです。

城壁よりも堀！

日本の城は、城壁よりも堀がつくられる場合が多いことが特徴として挙げられます。

堀とは、地面を掘ってつくられた溝のことです。堀に水を流すことで、外敵の侵入を防ぐことができます。

日本は雨が多い気候なので、堀に水を入れることが容易でした。

そのため、高い城壁を築くことで敵の侵入を防ぐのではなく、堀を防御策として建設する場合が多かったといわれています。

しかも、稲作が盛んで、引水する技術に長けていたため、堀をつくりやすかったのでしょう。

日本人の感覚からすると意外に感じる人も多いかもしれませんが、じつは**世界的に見ると堀がある城は少ない**のです。

世界全体で見ると、他の地域では日本ほど水の確保が容易ではなかったからではないかと考えられます。

数多くある日本の城の中でも、特に姫路城は、美しい白い外観と複雑な防御構造で知られています。

城の周囲に幅広く深い堀が巡らされているうえに、「外堀」「内堀」などと堀が幾重にも重なっているのです。

こうすることによって、攻め込まれても守りやすく、堅固な防御ができていたといわれています。

Number
28
戦国時代
都市

戦国の三大英雄が全員、愛知県のあたりで生まれたのはなぜ？

天下人３人の共通点

尾張国の織田信長と、その部下だった豊臣秀吉、その隣（三河国）の徳川家康。この３人は、戦国の三大英雄として知られています。

天下布武直前まで行った織田信長、天下人になった豊臣秀吉、徳川幕府を開いた徳川家康の３人には、じつは、１つの共通点があります。

それは、**現在の愛知県にルーツを持っている**ことです。

多くの戦国武将が戦乱を繰り広げていた戦国時代、誰が天下を取ってもおかしくはない状況でした。

それにもかかわらず、なぜ、この地域に天下人が集中しているのか？

結論から言うと、**愛知県というのは陸の交通・海運の要所で、経済的に発達しやすかった**のだと考えられます。

西に行けば京都・大阪といった当時の政治や商業の中心だった街があり、東に行けば幕府が置かれていた鎌倉や、北条氏のいる小田原がありました。加えて、伊勢湾では海運が発展しており、船による交易が盛んに行われていました。

このように、交通・海運の結節点にあった尾張国は、経済的に発達しやすかったというわけです。

実際、織田信長が天下統一までたどり着けたのは、経済的に成功していたという側面が強いと思われます。

織田信長の父である織田信秀は、居城を津島近郊の勝幡《しょばた》に置いていました。津島は木曽川の港町がすぐ近くにあり、海運が盛んで、財力がありました。織田信長は、こうした経済の動きを目の当たりにしながら育ったといわれています。

そして**織田信長は、実際に軍事的に成功しながらも、積極的に経済的な要所を手中におさめていきます**。

近江国は生産性が高かったといわれていますし、大津は琵琶湖水運の要衝でした。

また、その後に織田信長が手中にした堺は「商人の街」であり、商売が盛んなうえに瀬戸内海の交易の要所でもありました。堺から、戦いで使う多くの鉄砲と火薬を手に入れることができたのでしょう。

織田信長はそのような経済的な要所をおさえつつ、経済が活性化するような政策をたくさん行いました。

誰もが市場で自由に商売できるようにする規制緩和を行ったり（楽市楽座）、それまで商品に上乗せされていた通行税を撤廃したり（関所撤廃）して、商売を活性化させたのです。

経済的な要所に、経済がさらに活性化する施策が数多く行われたことで、どんどんと豊かになっていきました。

じつは、織田信長の強さの裏には経済力があったのです。

豊臣秀吉にも受け継がれた精神性

このような織田信長の「経済政策で利益を上げ、その経済力で戦争に勝利し、統治を行う」という姿勢は、豊臣秀吉にも受け継がれているのではないかと考えられます。

織田信長の後に天下人になった豊臣秀吉も、じつにたくさんの経済政策を行っているのです。

例えば、豊臣秀吉は鉱山の直轄化で利益を上げ、その鉱山で採れた金を使って貨幣の鋳造を行ったり、太閤検地で全国の土地の大きさを測ってしっかり税を取ったりしています。

他にも、外国との貿易に力を入れ、南蛮貿易も積極的に行ったりしています。

しかし豊臣秀吉は、政策について、1つ大きな問題を起こしています。

それは、インフレです。朝鮮出兵のために金銀を外国に輸出しすぎてしまったことが原因で、国内がインフレに陥ってしまったのです（このインフレは、徳川家康が銀の産出と流通を制限することで収束させています）。

Number

29

江戸時代

都市

なぜ、江戸に幕府が置かれたのか？

100万人都市となった江戸

徳川家康は、1603年に関西ではなく江戸で幕府を開きました。

家康が江戸で幕府を開いた理由は、「豊臣秀吉の時代に東海から江戸へ国替えをさせられたから」という日本史的な文脈もありますし、家康自身が「関東地方の政治的安定に向けて尽力する立場」だったこともあります。

現在に至るまで東京がずっと日本の首都として機能していることや、18世紀中頃には人口約１００万人を超える都市になったことなどを鑑みても、家康が江戸で幕府を開いたのは正しい選択だったといえます。

ちなみに、18世紀中頃に人口１００万人を超える都市を有している国の数は少なく、中国明朝・清朝時代の北京、オスマン帝国の首都イスタンブール、当時の覇権国家イギリスの首都ロンドンなど、歴史的にも有名な大都市ばかりです。

水運が抜群に良い！

じつは、日本史の文脈だけでなく、地理の視点でも見てみると、江戸に幕府を置くことはかなり理に適っているのです。

まず、江戸も鎌倉と同じように、三方を山地に囲まれ、南東側には東京湾が広がっていました。

そのうえ、江戸を流れる利根川、隅田川、多摩川などの河川が東京湾に注いでいたため、水運が非常に発達していました。物流のハブとして江戸は機能していたのです。

江戸は、鎌倉や小田原よりも、物流の面でかなりアドバンテージが大きい土地だったのです。

肥沃な関東平野

関東平野が広がっていることも、要因の1つです。

関東平野は、山がちな日本の国土の中で、一番大きな平野です。その広さは、約1万7千平方キロメートルもあります。

他の平野と比べても、関東平野は圧倒的な広さであり、かつ肥沃です。農業生産が豊かで安定した年貢収入を得ることができました。

また、平野部だったために交通網も比較的構築しやすく、江戸時代に東海道、中山道、奥州街道、日光街道、甲州街道の五街道が整備され、江戸を起点とした全国的な交通網が構築されました。

この交通網により、物資の流通や情報の伝達が効率化し、江戸は国内における重要な拠点として機能したのです。

物理的に今までの権力集中地から離れられる

もう1つは、京都というそれまでの権力集中地域から物理的に離れていたことが挙げられます。

豊臣秀吉が拠点を置いていた大坂からも一定の距離をとることができたのも原因の1つでしょう。

関ヶ原の戦いが終わったとはいえ、まだ敵がいる状態です。反乱や脅威から物理的に距離をとったというわけです。

また、首都として考えたときに、江戸は日本の真ん中に位置していたのも1つの要因です。

この時代、幕府に対して反抗的な外様大名は江戸から距離を置かれ、近い場所には幕府に対して協力的な譜代大名を置きました。

そして、参勤交代によって江戸と行き来することが求められました。その移動費は藩で負担しなければならなかったので、当然、江戸から遠い藩ほど経済的に負担が大きくなったわけです。

江戸が日本の中心に置かれたことで、このようなシステムが構築できるようになったと考えることができます。

Number

30

江戸時代

インフラ

なぜ、江戸時代の飛脚は江戸から京都までたった4日で到達できたのか？

江戸時代の郵便・宅配便サービス

江戸時代に輸送や通信手段として制度化された職業の1つに、「飛脚」があります。

飛脚自体は古くから存在したといわれていますが、制度化されたのは江戸時代です。

飛脚とは、現在でいうところの郵便・宅配便サービスのことです。

江戸時代、品物や手紙などをリレー形式で遠隔地に届けていたのです。現在の駅伝のルーツは、飛脚だといわれています。

飛脚はリレー形式で江戸から京都までの約500キロメートルの距離を急ぎの場合は約4日で走破したといわれています。

飛脚1人あたりの走行距離は10キロメートル程度ではありますが、1日で100キロ以上を駆け抜けていたことになります。

「飛脚の活躍」の背景にある地理的要因

飛脚が江戸時代に大活躍した背景の1つには、地理的な要因があります。それは、江戸時代に東海道、中山道などの街道が整備されたことです。

東海道とは江戸から京都まで太平洋沿岸を通る街道で、全長約500キロメートルといわれています。53の宿場が設置されていて、東海道を使った商業活動も盛んでした。

中山道のほうは東海道よりも内陸を通るルートです。

中山道の全長は約540キロメートルといわれています。中山道には67の宿場が設けられており、東海道よりも険しいルートだったとされています。

江戸時代に東海道や中山道などの道路が整い、インフラが整備されたことが、飛脚の活躍を大きく支えていたのです。

Number

31

戦国時代

国境

目まぐるしく変わる「国境」はどのようにして決められていたのか？

自然の地形を利用

戦国時代、国境争いが盛んに行われていました。

なぜなら、戦国大名たちが、国境線を延ばして自国の領土を増やそうと勢力争いをしていたからです。

国境沿いにいる農民は、自分の農地が戦場になる場合も多く、「せっかく収穫のタイミングだと思ったら、戦場になってそれどころじゃなくなってしまった……」という悲劇がしばしば起こっていたようです。

さて、そもそも、国境はどのように決められていたのでしょうか？

基本的には、国境線をわかりやすくするために、川や山脈などの自然の地形が用いられる場合が多かったようです。

そのほかのケースとしては、その地域の村落の住民がどちらの大名に従っているのか、どちらの大名に年貢を払っているのか、という観点で判断されることもあったといいます。

戦国最強の武将とも称される甲斐（現在の山梨県）の武田信玄と、生涯で70回の合戦を行い、2回しか敗れたことがないといわれる越後（現在の新潟県）の上杉謙信は、盛んに領土争いをしていました。

この2つの勢力の間にあったのが、「川中島」と呼ばれる土地です。

現在の長野県長野市周辺の、千曲川と犀川の合流地点近くの平地を指しています。川中島のあたりを流れていた「川」が国境線として用いられていました。

じつは、川には、戦いをするうえで利用しやすいという特性があります。

川を防衛ラインにすることもできますし、川を用いた奇襲作戦も容易です。川の流れが緩やかな時間を狙って相手に攻撃を仕掛けたり、監視を行ったりすることもできました。

ちなみに、川中島の周囲には丘陵地帯もあり、その地形を使って敵の動きを監視することもできました。

いろいろな戦術が考えられる場所だったからこそ、川中島での戦いは、現在まで語り継がれるほどの激しい合戦になったというわけなのです。

Number
32
江戸時代
人口

なぜ、江戸時代に日本の人口が爆発的に増えたのか？

江戸時代は、人口が3倍になった時代

日本史の勉強をしている人の中には、「なぜ江戸時代はこんなに覚えることが多いのだろう」と疑問を抱く人が多いかもしれません。

実際、江戸時代の政治体制や政治に関する用語が一気に増えますし、「享保の改革」「寛政の改革」など、おさえておくべき改革もたくさん出てきます。

文化についても、京都や大阪が中心になった「元禄文化」と、江戸が中心の

「化政文化」の２つが登場します。

鎌倉幕府と江戸幕府の職制の違いを見ても、江戸幕府のほうが役職も多く、ごちゃごちゃしている印象を受けます。

なぜ、江戸時代において、このような違いが生まれたのか？

そもそも、江戸時代とそれ以前の時代とでは、大きく異なる点があります。

それは、人口です。

江戸時代より以前の日本の人口は１０００万人以下だったのが、江戸時代中期に入ると、人口は３０００万人を超えるようになったといわれているのです。

江戸時代の人口はいかにして増えたのか

江戸時代初期、特に１６００年代初頭、戦国時代の終結によって、日本で安定した社会が形成され、農業生産が向上し、人口が増加しました。

この時期の推定人口は、約１２００万人から１５００万人とされています。

そして、江戸時代中期の１７００年代中頃には、農業技術の発達や埋め立てによる新田開発などが行われ、食料供給が安定し、人口がさらに増加しました。この頃の日本の人口は、ついに約３０００万人に達したとされています。つまり、江戸時代以前と比べると、江戸時代の人口は3倍以上に膨れ上がっているのです。

もちろん、その分、統治する人も増えますし、爆発的に人口が増えるということは、農村部だけでなく都市部の人口も増えることを意味します。

これは現代の世界でも、特に発展途上国でよく発生することですが、基本的に人口は、労働力として子供を確保するために多産の思考が強い農村部で爆発的に増え、その人口の一部が都市部に流入することで増えていきます。

したがって、江戸時代の中頃に、現代の発展途上国の人口爆発と同じ現象が発生したと考えられるのです。

人口増加が起きると、江戸や大阪の街で働く人が増え、都市部での経済活動もどんどん活発になります。

文化もどんどん広まり、食料品だけでなく、芸術品や陶器なども飛ぶように売れるようになりました。絵画が売れて、葛飾北斎を代表とするさまざまな画家が誕生したのも、この人口増加が背景にあると考えられます。

ただ、人口が増えると、それだけ問題も多く発生するようになります。

実際、江戸時代後期には、天明の大飢饉（1782年～1788年）や天保の大飢饉（1833年～1837年）など、大規模な飢饉が連続して発生して、人口はほぼ横ばいをキープするようになります。

農村部では出産の抑制が行われ、その分、農村部から都市部に人口が流出することも少なくなっていきました。

そして、幕府は経済的にどんどん苦しくなっていったのです。

明治維新に至った理由は、もちろん外国勢力からの圧力も大きく影響していますが、同時に、国内にこのような問題を抱えていたことも1つの要因になったという見方をすることもできます。

第5章

「宗教・文化・民族」から日本史の「なぜ？」を読み解く

Number

33

古墳時代

宗教

なぜ、弥生時代以降は古墳がつくられなかったのか？

古墳の前提は土葬

古代日本では、多くの「古墳」がつくられました。

古墳とは、日本では3世紀後半から7世紀頃の間につくられた、土を高く盛り上げた墳丘のある墓のことです。多数の古墳が現存します。

世界的に見ると、為政者の墓は大きくつくられる傾向にあります。

エジプトのピラミッドや、中国の始皇帝の陵墓など、墓の大きさが、時の為政者の権威の強さを示すという考え方があったのです。

したがって、大規模な墓として日本でも古墳がつくられたことは自然なことだったのでしょう。

しかし、日本の古墳には1つの謎があります。

それは、飛鳥時代以降に古墳がつくられなくなったことです。古墳がつくられた時期が、古墳時代に集中しているのです。

これは宗教的な考え方が絡んでいるといわれています。

そもそも、エジプトのピラミッドや中国の始皇帝の陵墓、日本の古墳は、すべて「土葬」を前提にした墓です。

だからこそ、死した身体を丁重に保管するための古墳がつくられました。

火葬の仏教が伝来

ところが、ある時期から日本では死者を「火葬」で弔うようになったのです。

では、「ある時期」とはいつかというと、仏教の伝来期です。

仏教の考え方では「輪廻転生」が前提になっており、死者を火葬によって弔うのが通例なのです。

埴輪から見る死後に対する考え方

古墳といえば、忘れてはいけないのが埴輪です。

古墳には、死者の身体とともに、人間を模した人形である埴輪がたくさん埋葬されています。

なぜ、死者の身体と共に埴輪も埋葬していたのかというと、それは当時の人々が「死後の世界」を信じていたからだと考えられます。

死後も、生前と同じように身の回りの世話をしたり、自分の軍隊を持てたりするように、埴輪を埋葬していたのでしょう。

この埴輪も、仏教の考え方とは異なる部分です。

前述の通り、「輪廻転生」が仏教の基本的な考え方です。大雑把にいってしまえば、仏教は「死後の世界が存在する」という感覚よりも、むしろ死後は「生まれ変わる」という感覚が強い宗教なわけです。

仏教が伝来したのは、６世紀といわれています。それ以降、外国からやってきた仏教と、日本古来の神道とが結びつき、日本に独特な宗教観が生まれました。

そのため、古墳は、日本古来の神道の考え方が反映されているのではないかと考えることができるわけです。

Number

34

飛鳥時代

宗教

仏教と神道はどうやって融合したのか？

日本は仏教？　神道？

日本人は、日本古来の考え方であり八百万の神を祀る「神道」と、ブッダを開祖として輪廻転生と解脱を説く宗教である「仏教」の2つを同時に信仰している人が多いようです。

日本人の多くは、正月に神社にお参りに行き、葬式の際にはお坊さんを呼びます。

このような奇妙な状況が始まったのは、６世紀のことです。

大陸から伝えられた仏教の扱いをめぐり、当時の日本の有力者の意見は２つに分かれました。

これが、いわゆる「仏教を広めるべきだ」という蘇我氏と、「広めるべきではない」という物部氏の対立です。

この対立は、崇仏論争と呼ばれます。

最終的には蘇我氏が勝利し、前項でも触れた通り、現在の仏教と神道が結びついた日本の不思議な宗教観になったというわけです。

人々が宗教を信仰するのはなぜ？

そもそも、宗教は、どうして人々の間で信仰されるのでしょうか？

一番の要因として挙げられるのは、共同体を維持するうえで有効だからです。

人口が増えるにつれて、人々が仲良く暮らす必要性が自然と高まります。

前述の通り、日本は稲作文化なので、共同で農業をする必要があります。例えば、飢えで苦しんでいる人がいるとしましょう。そして、その人の前をちょうど通りかかったあなたの手には、おにぎりがあります。あなたもお腹が空いているので、自分のおにぎりを分け与えるかどうか少し悩みます。

そんなときに、神様を信じている人であれば、おにぎりを分け与える選択を取りやすいでしょう。「もし死後の世界があったとして、『あのとき、どうしてあの人を助けなかったのだ？』と聞かれたらどうしよう」と思えば、自分のおにぎりを分け与える選択をするわけです。

国の統治にも必要だった

神様を信じていれば、人々は助け合うことができるようになる。だから宗教は、国を統治するために必要なものとして機能します。

神道と仏教は、両方とも日本の統治に向いていました。

神道は、天皇の威光を示すために必要でした。

そして、人々が規律を守って生きるために、「不殺生（生き物を殺してはならない）」という仏教の考え方が必要だったのです。

このように、必要なもの同士が手を取り合うことで、現在の日本の独特の宗教観が形成されたと考えることができます。

なぜキリスト教は融合しなかったのか？

少し時代が飛んで、戦国時代から江戸時代にかけて、今度はキリスト教が日本に到来し、広まりました。

イエズス会のフランシスコ＝ザビエルを代表として、当時の日本にキリスト教が広められたのです。

ところが、キリスト教の場合、仏教とは違って神道と融合することはありませんでした。神道だけでなく、キリスト教は仏教とも融合していません。

その理由は、いろいろと考えられます。

有力な説としては、「仏教と神道が共に多神教なのに対して、キリスト教は一神教だった」ということです。

仏教と神道が融合できた理由の1つは、「仏教を信じるからと言って、神道を捨てることにはならなかったから」と考えられるのです。ブッダも、阿弥陀如来も、天照大神も信じる。それができたからこそ、仏教と神道は融合できたわけです。

ところが、キリスト教を信じることは、複数の神様ではなく1つの神のみを信じなければならないことを意味します。つまり、神道や仏教を捨てなければならないということです。そのため、キリスト教は日本の宗教とあまり融合しなかったのかもしれません。

Number

35

奈良時代

宗教

平城京↓長岡京↓平安京と遷都したのは、宗教的な問題？

なぜ、100年の間に3回も遷都したのか？

「なんと（710年）立派な平城京」

「なくよ（794年）ウグイス平安京」

これらは、当時の都が奈良時代と平安時代に遷都されたことを覚えるための語呂合わせです。学生時代に、この２つの語呂合わせを暗記した人は多いのではないでしょうか？

さて、ここで1つの疑問が思い浮かびます。

それは、遷都の期間が短すぎるということです。

784年に長岡京への遷都もあったことを踏まえると、100年も経たずに3回も遷都したことになります。以降、都はずっと平安京です。

なぜ、100年も経たない間に遷都が頻発したのでしょうか？

まず、1つの理由として、**疫病**が挙げられます。797年に成立した、菅野真道らによって編纂された『続日本紀』において、この時期に天然痘と思われる疫病が流行し、多くの死者が出たと書かれています。

当時は、衛生的な観点についてあまり研究が進んでいませんでした。防疫の考え方も浸透していなかったと考えられます。

そのため、死体の処理もうまくいかず、疫病が長期化してしまった可能性があるのです。

したがって、衛生的な観点で問題のある場所から遷都するという選択をしたのではないかと推測できます。

また、**人口の問題**もあるといわれています。

この時期に、日本の人口がかなり増えてしまい、都の収容能力が足りなくなってしまったのではないか、といわれているのです。

そのうえ、水運が盛んになっていたものの、平城京ではそれを期待することはできませんでした。

それに対し、長岡京や平安京は淀川が近くにあるので、物資の輸送に有利な水運を利用することができたというわけです。

仏教勢力が多い奈良からの逃亡

もう1つの説は、**宗教と政治のバランス**です。

中国から伝来した仏教を受け入れた後、民衆の間で仏教が広く普及しました。

そして、前述の通り、統治するうえで仏教の考え方が大きな役割を担うようになったのです。

しかし、どの国でも発生することですが、1つの宗教が国の中で広まると、どうしてもその宗教の力が強くなってしまいます。この時代でも寺の力はどんどんと大きくなり、次第に政治に口出しをするようになりました。

したがって、この3回の遷都は、仏教勢力の圧力を避けるためだったと考えることができるのです。

「だったら、僧侶を追放すればよいのでは？」と疑問に思う人もいるかもしれませんが、そう簡単な話でもありません。

僧侶の追放というのは、仏教を蔑ろにすることと同義です。祟りがあるかもしれませんし、国内からの非難も免れないでしょう。

世界史では、キリスト教を蔑ろにした結果としてローマ教皇が皇帝を破門し、皇帝が赦しを求めた「カノッサの屈辱」と呼ばれる出来事もあります。

そのため、できるだけ穏便に仏教勢力から逃れる必要があったというわけなのです。

Number

36

奈良時代

社会規範

奈良時代から江戸時代まで、島流しが主流だった理由

今でいう「無期懲役」だった「流刑」

奈良時代から江戸時代にかけて、日本には「島流し」という刑罰が存在しました。

これは、時期によっては死罪に次いで重い刑罰として機能したといわれており、政治犯や殺人犯に対して、現在でいうところの「無期懲役」のような形で機能していたと考えられます。

歴史上の有名人を含め、多くの人物が流刑に処されています。

1221年に承久の乱を起こした後鳥羽上皇や、鎌倉幕府打倒を計画した後醍醐天皇、さらには関ヶ原の戦いで西軍の副将だった宇喜多秀家も流刑に処されています。

後鳥羽上皇が流された隠岐では、上皇をもてなすために行われたとされる、牛同士が角を突き合わせて戦う「牛突き」が文化として現在に残っています。

島流しは、地理的に考えれば、日本という「たくさんの小島・諸島部を有する国」らしい刑罰だと解釈することができます。

しかし、1つ疑問が残ります。

なぜ、島流しが、そこまで厳しい刑罰として扱われたのか？

死刑に次ぐ無期懲役なので、重い罪です。

1ついえるのは、当時の小島はかなり過酷な環境である場合が多かったということです。

未開の地も多く、今の刑務所のように食事が提供されるわけでもありません。

農業が整備されているわけでもないので、飢え死にしてしまう人も少なくなかったようです。

もちろん、身分の高い人の場合、そこまで過酷な生活を強いられることはありませんでしたが、やはり都市部の生活とは比べ物にならないほど大変だったわけです。

日本は、「社会」を重視する国？

もう1つ考えられるのは、日本が、それだけ「社会」を重視する国だったということです。

ここまで、日本という国が他の国と比べて地理的に多くの特徴があり、それらが国民性にも影響を与えているとお話ししました。

・日本は島国であり、外国と隔絶された国として形成されている
・山がちな地形のため、隣の村に行こうとするだけで労力が大きい
・稲作が中心のため、農業における決まり事が守られないと大変なことになってしまう（上流の人が水を取りすぎてしまうと問題になる、灌漑工事のために一致団結しなければならない、など）

これらが影響したのか、日本は「社会」が重視される国民性が育まれたといわれています。

ルールを守ることが重視され、立場が異なる人に対して「敬語」を使い、和を乱すような行動をとる者には「村八分」で社会生活が行えなくなるような扱いをする。日本では、個人よりも社会全体を重視するしくみがつくられていったと考えることができます。

この点を踏まえると、日本人にとって島流しは「社会からの究極の隔絶」だったのではないかと考えられます。

島流しは、自力で故郷に戻ることができず、友人や家族に会うことすら叶わず、今までの社会的地位をすべて捨てることになるのです。

ちなみに、「社会からの隔絶」という点では、島流しだけでなく、この時代における「出家」も同じ扱いだったといわれています。

奈良時代以降、来世での幸せを求めて出家する人が数多くいました。

紫式部が書いた『源氏物語』の中でも、出家を死ぬことと同義として捉えている描写があります。

当時のその他の古文を読んでも、「出家」をほとんど「死」と同じこととして扱っていることに驚かされます。

当時の人たちにとって、社会と隔絶されることは、死と同等の意味を持つほどのとても恐ろしいことだったのかもしれません。

Number

37

鎌倉時代

氏姓制度

なぜ、源頼朝は「みなもとの」と、「の」が入るのか？

「苗字がない時代」から、「苗字のある時代」へ

日本には、苗字の種類が30万種類ほどあるといわれています。
じつは、苗字は地理と密接に関わっています。
現代に残る苗字の中には、地名が用いられているものがたくさんあります。
日本史の勉強をすると、氏姓制度は５～６世紀頃に成立したことを学ぶと思います。

飛鳥時代以降、「卑弥呼」や「ワカタケル大王」などという名前から、「蘇我馬子」「小野妹子」など、現代と同じ「苗字＋名前」の歴史人物の名前が登場します。

しかし、「藤原」や「蘇我」「源」などの苗字は、じつは厳密には現代と性質が少し異なるのです。

なぜ、みなもと「の」が入るのか

特に、鎌倉時代あたりの人物の苗字の多くは、現代のルールと異なります。

例えば、「藤原道長（ふじわら「の」みちなが）」「源頼朝（みなもと「の」よりとも）」「平清盛（たいら「の」きよもり）」など、藤原氏や平氏、源氏は、名前と苗字の間に「の」が入っています。

これは、**「氏（うじ）」と「姓（かばね）」の違い**です。

現代と異なり、江戸時代までは一人で「苗字」と「氏」の両方を持っていたとされています。

つまり、**氏と姓が分けて考えられていた**のです。

まず、「氏」については、血縁や一族を表すものです。「藤原氏」は、中臣鎌足が天智天皇から与えられた氏です。源氏や平氏も、同様です。氏は、通常の「姓」とは分けて考えられていたため、「の」を入れていたというわけです。

それに対して「姓」のほうは、職業や職能・朝廷内での立場を表すものでした。

源頼朝は、本来は「源　朝臣　頼朝」になります。「朝臣」は、「朝廷の臣下」という意味の姓です。

ただ、奈良時代以降になると、ほとんどの人が朝臣になってしまったため、形骸化してしまったといわれています。

現在まで続く「苗字」は、この氏や姓とは別のもので、同じ「氏」の人が多くなってきてしまったため、それと区別するために領地の地名を取るなどして名乗るようになったことが起源といわれています。

例えば、源頼朝の従兄弟にあたる有名な武士である木曾義仲は、名前の前に「木曾」とついています。

本来は、義仲も「源義仲（みなもと「の」よしなか）」ですが、木曾で育ったため、木曾義仲（きそよしなか）と呼ばれます。このことからも、「氏」と「姓・苗字」が異なることがおわかりいただけるでしょう。

現在の苗字に変わったのは、明治時代に入ってからだとされています。

それまでの氏と姓が、明治時代に苗字に再編されたわけです。

そのため、明治以降では、「藤原」も「源」も苗字として扱われることになったので、「の」が入らなくなったのです。

Number

38

鎌倉時代

民族

なぜ、征夷大将軍が幕府の首長になるのか？

なぜ「征夷」大将軍だったのか

日本史で、「征夷大将軍」という言葉が登場します。

征夷大将軍とは、源頼朝や足利尊氏・徳川家康などの「幕府を開いた侍たち」が朝廷から与えられていた称号です。

そのため、「征夷大将軍」＝「幕府を開く権利」というイメージを抱いている人が多いかもしれません。

しかし、実際には少し違います。

本来、征夷大将軍とは、「蝦夷を征服するための大将軍」なのです。蝦夷をざっくり説明すると、「野蛮な民族」というような意味です。奈良時代以降、朝廷は律令制度をつくって民衆から税を徴収して統治をしていましたが、関東地区の北から東北地方にかけてはあまり統治できておらず、抵抗されていました。

この勢力を退けるために設けられた、「東方指揮官」というような意味合いの役職が征夷大将軍だったのです。

それが、なぜ「幕府を開く権利」と同一視されるようになったのか？

よく見かける説明としては、「征夷大将軍は、武士を指揮する権利を持っているから」です。

要は、武士を指揮する権利を朝廷から賜ったので、幕府を開くことになった、ということです。征夷大将軍になることを望んだ源頼朝に続くように、同じく武士の足利尊氏も徳川家康も征夷大将軍になったというわけです。

この説明には、たしかに納得感があります。ただ、なぜ「征夷」だったのか、他の地域を征伐する大将軍ではダメだったのか、という疑問がどうしても残ってしまいます。

征夷は、特別な名前だった？

この疑問に対する答えについては、いまだに議論されていますが、1つ面白い仮説があります。

それは、「蝦夷」の征服が、それだけ朝廷にとって大きな悲願だったからではないか、という説です。

そもそも、なぜ、幕府は東北地方の平定にこだわったのか？

その理由は、地理的な視点を用いると答えを導き出すことができます。

当時の東北地方では、金が採れたのです。

現在の岩手県南東部の玉山金山では金が産出していました。そして、その金は含有量が高い純度の高い金だったといわれています。

玉山金山は、金とともに美しい水晶がたくさん産出したことで、水晶＝玉の出る山という意味で玉山と名づけられたとされています。

今も昔も、金はとても高価で、また、同様に当時の水晶も貴重なものでした。その後の時代にこの地域を根城とした奥州藤原氏の重要な財源になったといわれています。

屋根や壁まで、すべて金箔がおされていることで有名な中尊寺金色堂は、東北地方で産出する金を利用してつくられていたわけです。

朝廷は、この金をなんとしてもほしかったために征夷にこだわったと考えられます。

８０１年、朝廷が征服に力を入れた甲斐もあってか、征夷大将軍の坂上田村麻呂の軍は蝦夷を征服しました。

そして、それだけ力を入れていたからこそ、後の世でも重要な役職として認知されたのではないか、と考えることもできるかもしれません。

Number

39

戦国時代 茶の文化

なぜ、戦国時代に「茶器」の価値は「土地」よりも上になったのか？

茶の湯の文化は平安時代から

今でも日本に残る茶の文化は、９世紀頃、平安時代に中国から日本に伝わったとされます。

日本で最初に茶を伝えたのは、最澄であるといわれています。やがて茶の栽培・飲用が貴族の間で行われ、茶は高級品として扱われました。

鎌倉時代、僧侶が中国から日本にやってきて、茶の栽培や製茶技術を日本に伝えたとされています。

地理的に考えると、温暖湿潤で水はけがよい山がちな日本の土地は茶を栽培するのに適した気候、地形だったといえます。

お茶の文化は、次第に貴族以外にも広がることになります。

茶器もつくられるようになる

次第に、お茶そのものだけでなく茶器にも注目が集まるようになります。

室町時代に足利義満が行った日明貿易によって、多くの茶器・陶器が日本にもたらされました。この頃から、貴族だけでなく武士の間にも茶の湯の文化が広まります。

もともと、輸入品だけだった茶器も、室町時代の後期から戦国時代にかけて美濃焼など日本製の茶器が増えていきます。

そして、驚くべきことに戦国時代になると、茶器が土地と同じくらいの価値を持つようになったといわれています。

戦いで武功をあげた武士に対しての恩賞として、土地よりも茶器を求められることがあったともいわれます。

なぜ、そんな事態になったのでしょうか？

これは、戦乱の世の中でルールや規律を守る茶の湯の文化を戦国大名たちが広めていたからという説や、織田信長や豊臣秀吉が茶の湯文化を広めたからという説も有力ですが、経済的に考えると合理的な面が大きいのです。

茶器は持ち運びが可能！

まず、これを考えるために、当時の状況について考えてみましょう。

戦国時代は、領土が頻繁に奪い合われていたため、土地の所有が非常に不安定でした。

せっかく土地をもらっても、いつ誰に奪われるかわかりません。

それに、土地の経済的価値を考えた場合、生産性の高い土地であればよいですが、そうではない場合もあります。

肥沃な土地をもらえるかどうかはわかりませんし、権利者が頻繁に変わるので、農民から反乱を起こされる可能性もあります。戦国時代、土地は必ず価値がある褒美とはいえない面があったのです。

その点、茶器の価値はなかなか変動しません。

長い年月を経て、単なる芸術品ではなく、資産としての価値も認識されていました。

しかも茶器は、持ち運びも容易です。戦いに破れたとき、茶器なら持って逃げることができます。携帯できる資産だったのです。

これらのことから、戦国時代の武将たちにとって、土地よりも茶器のほうがありがたいものとして捉えられていたと考えることができます。

Number

40

明治時代

食文化

なぜ、日本人の平均身長が明治時代に10センチも伸びたのか？

10センチも伸びた平均身長

江戸時代から明治時代にかけて、日本人の平均身長はなんと10センチも伸びたといわれています。

江戸時代の日本人の平均身長は、男性で１５５センチ程度、女性で１４５センチ程度でした。それが明治時代に入って、男性が１６５センチ程度、女性が１５５センチ程度まで伸びたのです。

これほどまでの平均身長の伸びは、世界的に見てもかなり稀だといってよいでしょう。

江戸時代から明治時代にかけて、なぜ日本人の平均身長は大きく伸びたのでしょうか？

まず考えられるのは、**明治時代に起きた食の西洋化**です。

明治時代に、「外国からいろいろな食料品が輸入され、豊かになった結果、身長が伸びた」という側面もたしかに存在します。

ただ、それだけで日本人の平均身長が10センチも伸びるというのもちょっと信じられません。

じつは、江戸時代に日本人の平均身長がむしろ低く抑えられてしまうような食事制限があったのです。

馬の肉を「さくら」と呼ぶのは江戸時代の名残

その食事制限とは、肉です。

江戸時代より以前の時代、日本では肉を食べることが忌避されていました。日本の人々の間に、動物の血や、動物の死んだ後の肉は汚れているため、肉を食べてはいけない、という価値観があったのです。

このような価値観が生まれた理由には諸説あるものの、仏教における「不殺生」の考え方や、健康面で病気のもとになることなどが挙げられます。

ただ、江戸時代以前の日本人が肉をまったく食べなかったというわけではありません。

現在でも、馬の肉を「さくら」、猪の肉を「ぼたん」、鹿肉を「もみじ」と、花の名前で呼ぶことがあります。これは、江戸時代に「肉を食べていることが周囲にバレないようにするための隠語だった」といわれています。

ちなみに、動物の中でも鳥の肉は食べてもよいという価値観があったようです。

しかし、鳥の肉だけでは不十分だったため、ウサギを「あれはぴょんぴょんと飛び跳ねるから鳥だ」と言って食べたりしていたようです。

現在、ウサギを数えるときに「1羽2羽」と「羽」で表すのは、そのときの名残です。

動物性タンパク質が摂取できないと、どうしても栄養不足になりがちです。

つまり、**「明治時代に平均身長が大きく伸びた」というよりも、「江戸時代以前の人の身長が特別に低かった」と考えるほうが、納得がいく**のです。

明治時代に入って、肉食が解禁されると同時に、砂糖も輸入されました。

西洋からの客をもてなすために多くのレストランがつくられ、肉や砂糖を使った西洋の料理も流入しました。カレーやハンバーグなど、現在まで残っている料理の多くがこの時代からつくられるようになったのです。

明治維新以降の食の制限の解除と、食の西洋化が起こったことによって、日本人の平均身長が一気に10センチも大きくなったというわけなのです。

著者略歴

宇野 仙（うの・たける）

駿台予備校地理科講師。
1978年、北海道旭川市生まれ。慶應義塾大学商学部卒業後、キーエンスに入社し、営業職に従事。キーエンスを退職後、予備校業界に入り、Z会東大進学教室講師や河合塾地理科講師を経て現職。「知識より知恵を」が最大の信条。「なぜそうなるのか」「他に考えられる事柄はないのか」を受験生と対話しつつ、社会に出てからも役に立つ論理的思考力や多角的・多面的な考察力を地理の授業を通して伝えている。著書に『大学入学共通テスト地理集中講義 地理総合，地理探究』（旺文社）、『大学入試 地理B論述問題が面白いほど解ける本』（KADOKAWA）、『きめる！ 共通テスト 地理総合＋地理探究』（Gakken）などがある。

日本史《にほんし》と地理《ちり》は同時《どうじ》に学《まな》べ！

2024年12月31日　初版第1刷発行

著　　者　宇《う》野《の》仙《たける》
発 行 者　出井貴完
発 行 所　SBクリエイティブ株式会社
〒105-0001　東京都港区虎ノ門2-2-1
装　　丁　伊藤まや（Isshiki）
装丁イラスト　むらまつしおり
本文デザイン・図版　鎌田俊介（Isshiki）
本文DTP　クニメディア株式会社
編集協力　カルペ・ディエム
編集担当　鯨岡純一
印刷・製本　三松堂株式会社

本書をお読みになったご意見・ご感想を
下記URL、または左記QRコードよりお寄せください。

https://isbn2.sbcr.jp/27621/

落丁本、乱丁本は小社営業部にてお取り替えいたします。
定価は、カバーに記載されております。
本書に関するご質問は、小社学芸書籍編集部まで書面にてお願いいたします。

ISBN　978-4-8156-2762-1